論盡科幻

突 破 導 寫 與 導 讀 的 時 空 奇 點

SCIENCE FICTION GALORE

Reading & Writing Guide

序

　　近年在各處主持講座之時，主人家往往都稱我為「香港著名的科普及科幻作家」。如果我的講題和科幻有關，他們更會把「科幻」放到「科普」之前。

　　正如我曾在拙作《無限春光在太空》一書的後記中說，每次遇到這樣的情況，我都感到渾身不自在，甚至有點兒在欺騙聽眾的感覺。這是因為，我迄今出版的科幻小說作品，便只有短篇故事集《無限春光在太空》這一本——或是它的增訂新版（加了三個故事）的《泰拉文明消失之謎》。以如此低的創作量，甚麼「著名科幻作家」，是怎樣也算不上的了。

　　然而，如果我們把視野拉闊一點，把所有有關科幻的作品也計算在內，那麼我迄今出版的作品確也不少。其中包括：

◎　由我翻譯的西方短篇科幻小說集《最後的問題》（1987）；

◎　推動「科幻閱讀與欣賞」的《超人的孤寂》（1988）；

◎　由我和友人李文健創辦全港第一本《科學與科幻》叢刊（1990）：〈無盡之旅〉、〈宇宙的風采〉、〈飛向群星〉、〈拯救地球〉；

◎　科幻綜論《挑戰時空》（1996）；

◎　由我一手統籌和編輯的「香港短篇科幻小說精選集」《宇宙摩天輪》（2010）；

◎　科幻論文集《科幻迷情》（2012）。

由於上述書籍多已斷版，在格子盒作室的鼓勵和支持下，我從多本作品中選取了我較喜愛的文章，也加入了一些未結集出版的文章，在增潤之後製作成你如今手上的《論盡科幻》。

　　當然，我致力推動科幻的活動，並不限於著書立說。我於一九八六年開始，連續五年出任「新雅少年兒童文創作比賽」中的「科幻故事組」評審；於二○○五年開始，連續四年出任「全球華人科幻創作獎」（倪匡科幻獎）的評審；於二○一一年至今，出任「新一代文化協會科學創意中心」主辦的「全港學界科幻創作比賽」的評審；同年亦出任內地科幻迷主辦的「星雲獎」評審。二○一八年，則出任台灣主辦的「泛科幻獎」的評審。

　　一九九六年，我雖已移居澳洲（今天則已回流香港），亦致力推動「香港科幻會」的成立，並出任其副會長一職。二○○八年中，提早退休的我更接過了會長的職務。於二○○九至一○年間，我在香港電台主持了一個名《科幻解碼》的廣播節目。而這麼多年來，我在香港科學館、太空館、公共圖書館、各大專院校、中學及至小學主持的科幻講座不計其數。

　　也就是說，如果人們介紹我時用「香港頭號科幻推手」，我將會「面不紅、心不跳」地當之無愧。

　　在「前言」中如此「硬推銷」我也是第一次。你讀後仍然毫無購買欲的話，我也惟有俯首投降！

　　是為序。

李逆熵

目錄

第二部——導讀篇

- 入迷科幻小說之讀癮
- 開卷閱讀科幻之推介
- 優秀意念引發之深思

前言

科幻小說
——探索未來的跳板

在所有文學類型中，科幻小說是一個遲來者。這是因為，即使在西方，科技進步之引致急速社會轉變，還是十九世紀下半葉的事情。英國女作家瑪麗・雪萊（Mary Shelley）於一八一八年受到「生物電」發現的啟發而寫成的《科學怪人》（*Frankenstein*），可算是走在時代前頭的一本作品。

真正將科幻小說帶到普羅大眾之中的，是法國作家儒勒・凡爾納（Jules Verne, 1828-1905）。他的《八十日環游世界》（*Around the World in Eighty Days*）、《海底兩萬浬》（*Twenty Thousand Leagues under the Sea*）和《地心探險記》（*Journey to the Centre of the Earth*）等作品，到今天仍教人津津樂道。

十九世紀末二十世紀初，英國作家 H.G. 威爾斯（H.G. Wells, 1866-1946）的作品《時間機器》（*Time Machine*）、《隱身人》（*The Invisible Man*）、《宇宙戰爭》（*War of the Worlds*）等，既在想像力方面作出突破，也在文字方面把科幻提升到一個新的境界。往後的「二十世紀三大反烏托邦小說」：扎米亞京（Yevgeny

Zamyatin）的《我們》（*We*）、赫胥黎（Aldous Huxley）的《美麗新世界》（*Brave New World*）、歐威爾（George Orwell）的《一九八四》（*1984*）；以及「科幻三巨頭」：克拉克（Arthur C. Clarke）、阿西莫夫（Isaac Asimov）和海萊因（Robert A. Heinlein）等的眾多精彩作品（也包括其他大量優秀作家的作品），為「科幻」這種「類型文學」打下了深厚的基礎。

「科幻」在科學先進的西方已是遲來者，在中國的發軔自是更晚。跑在時代前頭的，是老舍於一九三二年創作的《貓城記》。但專注創作科幻的作家，要到中國推行「改革開放」政策後才紛紛出現。他們包括鄭文光、童恩正、葉永烈等。而繼承他們的有王晉康、劉慈欣、韓松等較新一輩的作家。劉慈欣的《三體》是迄今最暢銷的中文科幻小說，曾於二〇一五年獲頒西方科幻界最高榮譽的「雨果獎」（Hugo Award）。而他的中篇故事《流浪地球》則被拍成了一部製作龐大的電影。

在年輕一輩的內地作家之中，較突出的有郝景芳、夏茄、陳楸帆等。其中郝景芳的中篇小說《北京摺疊》於二〇一六年獲頒「雨果獎」。

在台灣，繼黃海的開拓性創作後，張系國的《星雲組曲》（1980）和《城》三部曲（1983-1991）、以及葉言都的《海天龍戰》（1987）等作品，都為中文科幻奠立了很高的標準。海外華人方面，以馬來西亞的張草所寫的《滅亡》三部曲為代表作。

在香港，最早的一本科幻小說是楊安定（筆名楊子江）於一九六〇年發表的《天狼A—001號之謎》。楊氏另一項貢獻，是把大量蘇聯的科幻作品改寫成中文，並結集於《水星旅行日記》、《怪星撞地球》、《火星人的報復》等書。接著下來的「科幻推手」是李文健（筆名杜漸），他除了翻譯西方的作品外，亦在報刊和雜誌發表科幻專論。一九九〇年，他更和友人創辦了香港第一本科幻雜誌《科學與科幻叢刊》。

　　香港最受歡迎的科幻作家是倪匡（原名倪亦聰），他創作的《衛斯理》系列（1963-2004）超過一百本，其中一些已被拍成電影。張君默（原名張景雲）的《大預言》（1990）是香港第一本以環境災難為題材的科幻小說。

　　踏進廿一世紀，譚劍和蕭志勇（筆名蕭炫）是兩位較為活躍的香港科幻作家。譚劍的作品（包括《人形軟件》）曾多次獲獎（包括「倪匡科幻獎」和「全球華語科幻星雲獎」）。此外，黃易、宇無名等的科幻和玄幻作品亦很受歡迎。陳冠中的《盛世》（2009）和《建豐二年》（2015）雖不號稱科幻，但題材和處理手法都植根於科幻的傳統。

　　天文學家霍爾（Fred Hoyle）曾說：「有人說要找最拙劣的小說，可在科幻作品中求之，我對此沒有意見。我要提出的是，將來要找最優秀最有意義的文學作品，也必須在科幻中求之。

這是因為，只有科幻小說才努力反映科學進步對人類社會的衝擊，也只有它才裝著人類對未來的恐懼和盼望。」

香港是華文文學的重要一員，也往往是全球尖端科技的試驗場，香港科幻的進一步發展令人期待。

【附記】

上文乃筆者應香港貿易發展局之邀，為二〇一九年香港書展的「文藝廊」展覽「科幻文學巡禮」所寫的序言，於此借用作為本書的前言。

第一部
導寫篇

科幻小說本質之解構
新手寫作入門之開筆
推進創作意念之奇點

1-1

甚麼是科幻小說？

> 區別贗貨和真正的科幻小說，不是看題材。機器人、激光槍和怪物本身並不構成科幻小說。真假科幻（假科幻實質上是反科學小說）的區別在於對題材的處理……

·有一百個作家、就有一百種定義

在所有的類型文學中，科幻小說出現得最晚，也遭到最多誤解。

如果你問朋友：「你喜歡看科幻小說嗎？」你得到的回答可能是：「科幻小說？甚麼是科幻小說？」或者「我看過超人打怪獸那類連環圖，但好幾年前就已不看了。」沒那麼氣人的回答是：「哦，你說的是電視裡那些哄人的飛碟和火星人侵略地球的故事嗎？嘿，有空兒我也看，但我對這些幼稚的東西其實沒有真正的興趣。」你還可能常常碰到那麼一種人，他會以輕蔑的口氣，直截了當回答：「我從不看這些荒謬的東西。」

我們在這兒要談的，就是第一個回答提出的問題：「甚麼是科幻小說？」這確是所有難題的關鍵，因為深入探討下去的話，我們會發現，上面談到的種種反應都是和這個問題密切相關的。

「有多少個科幻小說家（且不論讀者）就有多少種科幻小說的定義。」——這說法可能有點誇大其詞，不過凡是對此領域多少有點認識的人，都非常清楚，要為科幻小說下一個確切而無可爭議的定義，是非常困難的。

・披上「科幻外衣」的各種類型小說

勃特勒（Samuel Butler）的《虛幻國》（*Erewhon*）和福斯特（E. M. Foster）的《機器休止》（*The Machine Stops*）是科幻小說嗎？如果赫胥黎（Aldous Huxley）的《美麗新世界》（*Brave New World*）是科幻小說，那麼歐威爾（George Orwell）的《一九八四》（*1984*）呢？或者那只是一篇透過未來以批判現在的政治諷刺作品吧？難道凡是以火星為背景的冒險故事就該叫科幻小說嗎？二〇一五年的電影《火星任務》（*The Mountain*）就因此而引起爭議。

深究之下，我們不難發現，原來許多所謂「科幻小說」，只是披著「科幻外衣」的其他類型小說。它可能只是本普通驚險小說——只不過是用雷射槍代替了自動武器；又或者是橫越大西洋的走私者，變成了來往於地球與火星之間的走私者。《星球大戰》（*Star Wars*）就是這類假科幻的典型例子。

再就科幻定義本身而言（絕大多數定義是科幻小說作者定的），我們發現，從最簡單到最複雜的都有。比方說科幻是一種「如果……將會發生甚麼」的故事，也有的認為科幻

是——「探索人的定義和他在宇宙中的地位，這些探索及其結果將會豐富現有的既先進但又不清晰的知識。」顯然這些定義既不清晰，亦難以理解。

▲ 著名科幻小說家海萊因（Robert A. Heinlein）。

• 海萊因與阿西莫夫怎麼說？

著名科幻小說家海萊因（Robert A. Heinlein）所下的定義，儘管有些乏味，倒可視為一個良好的起點。

他認為，科幻小說是——**「在這種小說中，作者表現了對被視為科學方法的人類活動之本質和重要性的理解，同時對人類通過科學活動收集到的大量知識表現了同樣的理解，並將科學事實、科學方法對人類的影響及將來可能產生的影響反映在地的小說裡。」**

▲ 出生於俄羅斯的美籍猶太人作家阿西莫夫（Isaac Asimov）。

簡短一些，我們引用阿西莫夫（Isaac Asimov）的話來說：**「科幻小說可界定為處理人類回應科技發展的一個文學流派。」**

從以上的定義中，我們不難發現，科幻小說相對於其他文學類別是一個後來者。科學技術變化的迅速，足以在一個世代之內產生急劇的改變，還是工業革命後才出現的現象。這種現象自一七五〇年最先出現於英國和荷蘭，其後在一八五〇年出現於美國和西歐，而自一九二〇年就遍及全世界。

·儒勒·凡爾納與
威爾斯奠定科幻小說基礎

▲ 法國著名作家儒勒·凡爾納（Jules Verne），被譽為「現代科幻小說之父」。

　　第一個對這種影響人類生活的新因素作出反應的，是法國著名作家儒勒·凡爾納（Jules Verne），他被稱為「現代科幻小說之父」。他的作品經常探究科學及其發展對人類的影響。在英語世界中，最早的大師則是威爾斯（H. G. Wells）。就是他倆一起奠定了大多數科幻小說主題的基礎。在此基礎上，科幻小說作家千變萬化，寫出多姿多采的作品，使科幻小說繁榮發展起來。

▲ 西方科幻創作堪稱最早的大師威爾斯（H. G. Wells）。

　　生活在別的太陽之下的外星人、銀河政府的德政或暴行，有著荒謬、邪惡，或者也有令人感動的生命形態的星球、擁有巨大威力並能窺閱人類思維的機器……科幻小說涉及的，就是這樣一些奇妙的事物、陌生的環境，以及人類對它們作出的反應。

　　應該指出的是，「科學幻想小說」雖然號稱「科學」，但小說裡毋須充滿科學的內容。事實上，雖然也有一些故事以嚴肅的科學內容為主題，但那只是例外。如果科幻小說真的要在細節上專門描述科學的結構和活動，那麼這種科幻小說只有科學家才會對它有興趣。普羅大眾之所以對科幻小說感到興趣，原因是它的主題和處理手法遠遠超越科學的層面，而包括了人類面對科學進步時的種種難題與可能性。

• 科幻小說 vs 臆想小說

　　科幻小說極易與其他「臆想小說」（speculative fiction），特別是與「魔幻小說」（fantasy）相混淆。事實上，甚至有些科幻小說家有時也給弄糊塗了，稱其作品為臆想之作，而有時又把一些魔幻小說貼上科幻小說的標籤。科幻小說的確和臆想小說一樣，都與臆測未知有關，甚至有時可能享有共同的主題，這倒是真的（這是引起混亂的主要原因）。但嚴格地說，這兩者正如石器時代的巫醫與現代外科醫生的醫學技術，是完全不同的兩碼事。

　　科幻小說和臆想小說的目的，基本上是通過想像的敘述為讀者提供娛樂，就像巫醫和外科醫生的目的都是要給人治病，兩者都創造詭異的情境和描述怪誕的事件，不同的是處理的手法。如果將科幻小說視為臆想（從不嚴格的意義上說），那麼，科幻小說是一種獨特的臆想，它對奇蹟的解釋是「自然的」，而非「超自然的」。主題開展是具有邏輯推理性的，每一步都必須考慮到必要的科學細節，有合理的科學構思。這些正是海萊因的定義所試圖闡明的。

　　正如上述，有一種非常流行但又不十分準確或者蓋涵性不強的科幻小說定義，——「科幻小說是『如果……將會怎麼樣？』的故事。」如果人能夠永生，將會發生甚麼？如果人能夠回到過去的年代並改變歷史的軌跡，將會怎麼樣？如果天空出現飛碟把人擄走、如果猩猩變成地球的統治者、如果月球與地球相撞，會怎麼樣？圍繞這些內容，大量低級趣味的雜誌、電影、電視劇集，以科幻的名義出現在大眾面前。上述主題常被用做故事的引子，

但開了頭後，這些主題便被擲至一邊，而各種毫無邏輯、非科學的荒謬內容則傾注入內。這是真正科幻小說的最陰險的敵人。由於披上「科學」的外衣（故事中不是總有一個科學家嗎？），公眾極易上當，並對科幻小說產生錯覺。

• 區別贗貨和真正的科幻小說

區別贗貨和真正的科幻小說，不是看題材。機器人、激光槍和怪物本身並不構成科幻小說。真假科幻（假科幻實質上是反科幻小說）的區別在於對題材的處理。科幻小說家有時會提出一些以現有科學知識來說難以置信或不可能的假設（例如飛行快於光速的星際飛船）；有時他企圖解釋他的假設（例如穿越四維空間摺合時空的通道）；或者，有時任其如此不加闡釋，但故事一開始，他將會盡量依靠現有知識，並利用它來展開主題；更多時，假設以及其後的開展只是已知事實的外延。

現在我們已能夠製造會學習和改進自己、能下棋和進行簡短對話的電腦。如果我們製造出一個比現在規模大十倍、複雜程度提高一千倍的電腦，會出現甚麼狀況呢？這些正是科幻小說家經常問自己的問題。寫科幻小說並非易事。講述一個來自金星的生物訪問地球，我們必須隨時掌握最新的關於金星表面的天文知識，並解釋此生物在那兒致命的高溫和壓力（據我們目前所知）下如何生存。時光旅行很有趣，但必須苦苦思索其中違反因果律的情況並設法解決所帶來的後果。

一句話，所有真正的科幻小說的基本要素是科學精神——信仰人類理性的優越以及宇宙固有的合理性。

可見，科幻小說不僅僅是個人的盲目奇想。很多人不喜歡科幻小說，是因為它「過於想像」。但是有組織的、有建設性的想像，與瘋狂、不加約束的白日夢之間，是有很大區別的。後者是神經病的（誇大妄想狂），不能區別事實與幻覺，前者則是冷靜頭腦的思考。「過於想像」的嘲笑取決於你所說的想像是甚麼。事實上，可以說，在大部分時間裡，大多數科幻小說家的想像力是極其不夠的！

・科幻是「兒戲想像」？

愛因斯坦說：「**想像比知識更重要。**」人沒有好奇心和想像力，就是放棄其作為人類一員的天賦權利。

有些成年人以至年輕人都跟科幻小說絕了緣，而且還自以為是地說：「我從中學起，就不看科幻小說了。」這與其說是在自我歌頌剛剛才得到的成熟，倒不如說是在祝賀自己精神動脈的某種硬化。隨著年齡增長，人們常會失去一個重要特性：「驚奇感」。關於這一點，我想引用愛因斯坦的話：「**我們能夠體驗的最美麗最深奧的情感是神秘感。它是一切真正科學的播種者。誰若對這種情感感到陌生，不再有驚訝讚歎之情，誰就如同行屍走肉了。**」

記得我們年少的時候，世界上的一切是多麼清新光明。最簡單的事物也充滿生機，引人入勝。我們多麼渴望不尋常的念頭。但日子久了，不尋常也就當作尋常。我們年歲愈大，世界也隨著我們的年歲變老。眼中的事物在平凡的日子裡褪了色，於是我們以單調貧乏的心靈去面對世界，還為自己機械的生活方式而慶幸呢！難道這是不可避免的嗎？當然不是！

科幻小說就是一種渠道，在那兒我們的思想仍在流動，不會停滯。科幻小說挑動我們的好奇心，伸展我們的想像力。它不是一種現實的虛假代替品，而是現實美麗的延伸，並且為光明的宇宙增添更加輝煌的色彩。

身體缺乏鍛煉，就會失去活力，頭腦也是一樣的。科幻小說不僅十分刺激，還為精神世界帶來見識和力量。許多科幻小說家本身就是從事研究工作的科學家。另外，每天都有許多勤勞、有智慧、負責任的男女想方設法繼續享受年輕人靈活思維的快樂。他們享受優秀的科幻小說的能力，正是他們內在幸福的反映。

·科幻是「逃避現實」？

除了「過於想像」外，另一個對科幻小說常見的嘲笑是——科幻小說「逃避現實」。奇怪的是，沒有人會認為主流文學為了避免「逃避主義」的罪名，必須以各種方式去反映讀者最迫切的問題（例如投資致富或挽救婚姻）。因此，我們不明白，為甚麼火星上的殖民要爭取獨立，或星際聯邦要調停星際貿易糾紛，會比維多利亞時代的鄉下人或沙皇時代的俄國人的活動更多地被人認為是在鼓勵逃避現實。且不談顯而易見的看法，即——人只能在他緊迫繁忙之餘去追求文學，因此從某一意義來說，所有文學都是逃避主義的，那麼從哪方面可以說具有創造性的科幻小說是逃避現實的呢？

逃避主義通常包涵寧要愜意的幻想，不要嚴酷的現實的意思。然而許多科幻小說描寫的正是最現實的細節，諸如可能發生的核子大戰及浩劫後的末日境況。如果科幻小說果真是逃避現實的文學的話，那麼它可真是逃避現實的文學中的一種奇特的形式

了，它竟然採用了人口膨脹、環境污染、細菌戰爭、遺傳工程、情緒遙控、太空探索、與人工智能對抗、與外星侵略者對抗，以及其他許多使人憂心忡忡的現象。科幻小說提出以上現象（如生態環境危機）比現實世界處理這些問題要早幾十年呢！所以，如果說科幻小說逃避現實的話，那麼它是逃進現實中去啊！

還有，除了描寫核子戰爭本身外，很多故事描寫一場戰爭的可能前奏，並探索當前局勢中各種複雜的風險。另外，科幻小說拼命抨擊諸如種族、歧視、宗教狂熱和殖民主義等問題，這樣的攻擊在主流小說中並不多見。事實上，我們在科幻小說中所碰到的，正是我們應該強調的高瞻遠矚的視野，和探究人類生存的意義。這常比那些自稱是社會現實主義的作品更為深刻和尖銳。

・看見科幻的未來

然而，科幻小說通常考慮的問題是關於：遙遠的未來（可能是一百萬年後的事）；人類作為不斷進化中的生物（可能會滅絕並被地球上某種新種類所取代）；比人類更有知性的生物（可能大大地優越於我們，就有如變形蟲對我們無法理解一樣，他們的心智是我們無法理解的。）

庫因（M.R.Cohen）在《自由主義者的信仰》中的一段引語對這種態度提供了很好的回答：**「如果我們不能超越當前迫切問題而從宇宙的根基和背景上去加以思考，我們對人類意識的觀點就會變得狹窄、閉塞甚至變得暴戾。」**

最後，讓我以諾貝爾獎得主和科幻小說迷赫爾曼・穆勒博士（Dr. Hermann J. Muller）的話作為本篇的結束語——

「透過科學的眼睛，我們愈來愈領略到：現實世界並非如人類童年時所見的、秩序井然的小花園，而是一個奧妙絕倫、浩瀚無比的宇宙。如果我們的藝術不去探索人類正在闖入這大千世界時所碰到的境遇及反思，也不去反映這些反思帶來的希望和恐懼，那麼，這種藝術是死的藝術……但是人沒有藝術是活不下去的，因此，在一個科學的時代裡，他創造出科幻小說。」

【附記】

這篇文章寫於上世紀八十年代，是本書收錄的最早作品。那時香港人對科幻的認識十分貧乏。可幸這數十年來情況已經有所改善，以至文首所描述的情景應該不會重現。

1-2

科幻小說是文學嗎？

> 不單是金庸的武俠小說，就是施耐
> 庵的《水滸傳》，在面世之初也被視為
> 不能登大雅之堂的俚俗之作。令人搖頭
> 歎息的是，金庸小說面世半個世紀終獲
> 接納為文學，而科幻小說面世已超過
> 一百年，卻仍被不少主流文學的衛道之
> 士摒諸門外……

　　二〇〇八年中，筆者出任香港科幻會會長，即與科幻會的一眾會友，籌劃舉辦一個結合兩岸四地及至海外華人的「全球中文科幻大會」，並於短期內分別取得了內地與台灣的頭號科幻「推手」——北京師範大學的吳岩教授和台灣交通大學的葉李華教授——的全力支持，還邀得張系國教授與倪匡先生出任大會顧問。

　　在香港方面，科學館願意借出場地作會議之用、公共圖書館同意聯合舉辦科幻講座系列、香港電台會共同製作一系列介紹科幻的電台節目、樹仁大學科技文化研究及發展中心成為協辦單

位，而會議的最後一天，更安排於澳門科學館舉行。為了配合新高中學制通識科目的推行，香港教育局課程發展處亦對這項活動表示熱烈的支持……

• 「為甚麼你認為科幻是文學呢？」

一個如此陣容而且饒有意義的活動必定得以順利展開，對嗎？錯！從二〇〇八至〇九年的過去一年多，科幻會曾先後向藝術發展局和優質教育基金申請撥款，但兩次皆被拒絕。其中一次，筆者還被要求出席一趟與評審小組的會晤。席上筆者回答了不少有關活動細節的提問。但就在會晤結束之前，小組成員的一個問題令我既氣憤亦措手不及。這個冷不防的問題是：「為甚麼你認為科幻是文學呢？」

由於毫無心理準備，當時的我回答得很不理想，並即時覺得「天！我這次是白來的了！」（事後證實我的直覺一點不錯）之後我以電郵向一眾會友報告會晤的情況時，一名會友憤然的回覆：「如果是我的話，我一定會反問他們：那麼金庸的武俠小說又算不算是文學？」

的確，不單金庸的武俠小說，就是施耐庵的《水滸傳》，在面世之初也被視為不能登大雅之堂的俚俗之作。令人搖頭歎息的是，金庸小說面世半個世紀終獲接納為文學，而科幻小說面世已超過一百年，卻仍被不少主流文學的衛道之士摒諸門外。無怪乎有人曾經這樣說：「如果史坦尼斯羅夫・林姆（Stanislaw Lem，波蘭科幻小說家）最

▲ 波蘭科幻小說家史坦尼斯羅夫・林姆（Stanislaw Lem）。

終沒有獲頒諾貝爾文學獎,唯一的理由是有人告訴評審團他寫的是科幻小說。」〔各位若對這句說話有疑問,可閱讀林姆以下的作品:*Solaris*、*The Invincible*、*His Master's Voice*、*Fiasco*。其中的 *Solaris*(《梭那利斯》)曾被前蘇聯導演塔可夫斯基(Andrei Tarkovsky)拍成電影。〕〔本書 2-5 有更多關於《梭那利斯》的作品賞析〕

• 中外佳作如雲讀後自行判斷

事實上,二〇〇七年諾貝爾文學獎得獎者多麗絲·萊辛(Doris Lessing)曾經寫過一系列名為 *Canopus in Argos* 的優秀科幻小說。而著名的「二十世紀三大反烏托邦小說」:扎米亞京(Yevgeny Zamyatin)的《我們》(*We*)、歐威爾(George Orwell)的《一九八四》(*1984*)和赫胥黎(Aldous Huxley)的《美麗新世界》(*Brave New World*),都是備受科幻發燒友推崇的作品。

▲ 著名的「二十世紀三大反烏托邦小說」:扎米亞京(Yevgeny Zamyatin)的《我們》(*We*)、歐威爾(George Orwell)的《一九八四》(*1984*)和赫胥黎(Aldous Huxley)的《美麗新世界》(*Brave New World*),都是備受科幻發燒友推崇的作品。

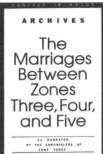

▲ 2007 年諾貝爾文學獎得獎者多麗絲·萊辛（Doris Lessing）曾經寫過一系列名為 *Canopus in Argos* 的科幻小說：*Shikasta*、*The Marriages Between Zones Three, Four and Five*、*The Sirian Experiments*、*The Making of the Representative for Planet 8*、*The Sentimental Agents*。

以「反烏托邦」為題材的科幻佳作，還有馮內果（Kurt Vonnegut）的《自奏的鋼琴》（*Player Piano*）、布萊柏雷（Ray Bradbury）的《華氏 451 度》（*Fahrenheit 451*）〔曾被法國導演杜魯福（Francois Truffaut）拍成電影《烈火》〕、布傑斯（Anthony Burgess）的《發條橙》（*Clockwork Orange*）〔曾給導演史坦尼·寇比力克（Stanley Kubrick）拍成電影〕，以及勒岡恩（Ursula K. LeGuin）的《無處容身》（*The Dispossessed*），而勒氏的另一部小說《黑暗的左手》（*The Left Hand of Darkness*），更被科幻迷公認為文筆優美的典範作品。

中文科幻較西方科幻起步遲得多，但最早的一部佳作可能令大家感到十分詫異，那便是老舍先生寫於上世紀三十年代的《貓城記》。這本備受國人忽視的作品，很早便被西方翻譯成多種文字。〔本書 2-8 有更多關於《貓城記》的作品賞析〕

至於較近代的，當然是張系國的《星雲組曲》（有英文譯本）。另一部我要極力推薦的作品，是葉言都所寫的《海天龍戰》。如果大家看畢這部作品仍然覺得科幻不是文學，那麼我也無話可說。

近年來，內地冒起了不少新晉作家，當中最矚目的是王晉康和劉慈欣，其他如韓松、何夕、星河等也很受歡迎。大家在內地逛書店時，不妨搜購他們的作品一看。

科幻是文學嗎？這個題目可以寫成一篇數萬字的論文。但最實際的做法，是大家嘗試閱讀一些公認的佳作，然後再由自己決定，好嗎？

▲ 老舍的《貓城記》。

▲ 張系國的《星雲組曲》。

▲ 劉慈欣的《流浪地球》。

1-3

優秀科幻創作舉隅

> 科幻創作確有其獨特的地方，但作
> 為一種文藝體裁，也就逃不出我們對文
> 學作品的優劣評定標準。簡單地說，
> 無論一本科幻小說中的科幻意念如何出
> 色，如果其小說技巧拙劣，那無論如何
> 它也不是出色的科幻小說⋯⋯

怎樣才算是好的科幻小說？多年來，筆者不下百次被問及這個問題。好吧，就讓我們把問題分析一下。首先，讓我們把「科幻小說」這個名稱「拆開」來看看。這個名稱實由三個部分組成，它們分別是「科」、「幻」和「小說」。

‧何謂「科」？

先說「科」。「科」，自然代表科學，這是所有科幻小說的起點，就如推理小說中的「推理」、武俠小說中的「武俠」那麼重要。但科學究竟是甚麼呢？扼要言之，科學是對未知領域的探求。這種探求的特色是講求證據、邏輯和系統性。透過這種探求，人類

的知識和技術不斷增長，而這種增長則不斷改變著人類社會以及人際關係的面貌。

在個人興趣的層面，集郵、時裝設計、足球、雕塑、武術和科學，都可能具有同等的價值，但從宏觀的角度來看，科學對社會發展影響之深遠，無疑較諸上述每一項文化活動都巨大得多。而科幻小說所處理的，正是人、自然、科學、技術、社會之間不斷變動的相互關係。由此看來，科幻小說的意義，實遠在一般「類型小說」（如偵探、間諜、恐怖、武俠等）之上。

・何謂「幻」？

跟著讓我們說「幻」。「幻」代表了幻想，是科幻小說中最引人入勝的部分。細察之下，這個「幻」字其實負起了兩大功能。首先，只有加入「幻」，才可使科幻作品成為一種富於娛樂性的獨特文藝體裁。純粹描述今天的科學家的研究工作，或一些現存的科技（如飛機、電話）對我們的影響的小說，相信沒有多少人會有興趣看。但若我們以豐富的想像力在小說中描繪一些未曾發生卻又有可能發生的情況，對讀者的吸引力自然不可同日而語。

這個「幻」字不單提供了娛樂性，它也是科幻小說中的思想性和探討性的源泉。科幻小說中的幻想並非天馬行空的胡思亂想。它是植根於事實而又超越事實，以科學出發而又往往超乎現時科學知識的一種嚴謹的推理式想像。透過這種想像，我們學會以嶄新的角度來考察一些我們習以為常的事物，進而探討這些事物的確切含意和未來發展的可能性。優秀的科幻作品往往都具備這種特質，例如威爾斯（H.G. Wells）的《時間機器》（*The Time Machine*）探討在未來世界中，體力和腦力勞動導致的極端階級分化、歐威爾（George Orwell）的《一九八四》（*1984*）探

討極權主義膨脹的可怕後果、赫胥黎的《美麗新世界》(*Brave New World*) 探討生物科技對人類本身的改造、阿西莫夫 (Isaac Asimov) 的《我，機械人》(*I, Robot*) 探討機器思維對人類社會的影響等等。

• 何謂「小說」？

　　最後讓我們看「小說」。「小說」之所以重要自不待言。我們一直以來不都是正在談論一種小說的體裁嗎？但最明顯的東西往往也最易受人忽略。簡單的道理是：一本好的小說未必是一本好的科幻小說，但一本好的科幻小說卻必定是一本好的小說。

　　曾經有過一段時期，當科幻仍是處於被人忽視和誤解的邊緣文化地位時，一些科幻迷提出了科幻小說毋須遵從主流文學的藝術評審標準的觀點。按照這種觀點，科幻創作是別樹一幟的。它處理的題材與主流文學所處理的完全不同，因此評審的角度也應自成一格。科幻所講求的是意念上的新奇和精彩，而並非主流文學的細膩優美的文筆或甚麼深刻的心理描寫。

　　老實說，筆者在少年時也有類似的看法，但時移勢易，無論就筆者或科幻界而言，對這種看法已經有了很大的改變。不錯，科幻創作確有其獨特的地方，但作為一種文藝體裁，也就逃不出我們對文學作品的優劣評定標準。簡單地說，無論一本科幻小說中的科幻意念如何出色，如果其小說技巧拙劣（如缺乏起承轉合、布局混亂、情節鬆散、人物刻板、文字生硬等），那無論如何它也不是出色的科幻小說。（作為科幻迷，對這種情況當然會感到十分可惜。）

　　科學紮實、幻想出色、小說精彩，既富娛樂性亦富探討性，這便是優秀科幻的成功要訣。

·賞析：雷·羅素的科幻短篇 *The Room*

▲ 雷·羅素（Ray Russell）的這個短篇故事 *The Room* 收錄在 1961 年出版的 *Sardonicus and Other Stories* 之中。

　　為了加深我們對這些要訣的理解，筆者以下以雷·羅素（Ray Russell）一個不足二千字的英文短篇故事 *The Room* 來分析其作為科幻作品的成功的地方。雷·羅素不算是出名的科幻作家，但他這篇精悍短小的作品卻寫得甚為出色。

▲ 以手機掃描此二維碼 QR Code 可閱讀雷·羅素（Ray Russell）這篇發表於 1961 年的短篇作品 *The Room*。

▲ 以手機掃描此二維碼 QR Code 可閱讀 *The Room* 的中文翻譯版本。（由本書作者李逆熵親自作出翻譯）

先從「科學」這個元素看起。留意科幻小說中的科學不一定指天文、物理、化學、生物等自然科學，或太空探險及電腦技術等尖端科技，也可以指人類學、政治學、社會學和心理學等人文科學。以前者為主題的作品有時被稱為「硬科幻」（hard SF），而後者則被稱為「軟科幻」（soft SF）作品。*The Room* 以社會諷刺為主題，應可歸入「軟科幻」一類。

筆者翻譯這篇小說時為它起了一個中文名稱：〈晝夜相隨〉，指的是故事中無處不在的商業廣告。好，現在就讓我們看這篇作品精彩在甚麼地方。

充斥於小說中的各種廣告伎倆不少都與科技有關，雖然大部分都不是甚麼高科技（例如「腳尖剛觸到地板，房中的電視機立即亮了起來」（"As his feet touched the floor, the TV set went on. " 之類），但其中有兩項是很值得我們注意的，那便是整晚在床頭開著的「夢中星」（all-night Sleepco）和「鏡面每隔三秒便飛快地眨動一次」（"the mirror flickered instantaneously once every three seconds"）的「潛意廣告」（sublims）。

所謂「夢中星」，是作者從「睡眠學習」（sleep learning）這個意念引伸出來的「科幻道具」。原來科學家發現，即使我們在睡眠狀態之中，也可透過在我們耳畔不停地反覆著的一些錄音，使錄音的內容在我們的腦海中留下一定的印象。曾經有過一段時間，人們興奮地期待著「睡眠學習」時代的來臨。可惜較深入的研究顯示，這種學習方式的可靠性很低，而且至多能夠適用於需要死記爛背的科目，而無法用於需要理解的學科。「睡眠學習」的熱潮遂冷卻下來。

一邊睡大覺一邊上學的夢想雖然落空，但以這種方法來賣廣告卻似乎最適合不過。因為廣告需要的當然並非理解，而是對某一商品牌子的「難忘印象」。雷·羅素這招「夢中星」可謂神來之筆。

至於「鏡面每隔三秒便飛快地眨動一次」，以至故事主人公不久便在腦海中泛起了「茶味濃」那份「濃郁、溫暖的享受」這段描寫（"Crane found himself suddenly thinking of the rich warm goodness of the Coffizz competitor, Teatang. "），作者則是利用了另一項心理學上的發現。

原來心理學家發現，如果我們以極高的速度把一些影像在我們的眼前閃現，那末我們雖然無法看清這些影像的內容（甚或察覺它們的存在），但在潛意識中，這些影像卻會滲透到我們的腦海裡。如果這些影像多次反覆出現，則它們會在我們的記憶中留存下來，以致久而久之，我們會在腦海中浮現出這些影像的回憶。

這確是一種十分奇妙的現象，心理學中稱為「潛意認知作用（subliminal cognition）。人們很快便察覺到這一現象在廣告術上的巨大潛質。著名科幻作家巴拉德（J.G. Ballard）便曾以此為題寫了一個名叫 *The Subliminal Man* 的短篇故事。但就筆者所知，這種宣傳方法的「洗腦」成分太高，不少國家皆已立例禁止它的使用。

請看看，雖然是短短的故事，但作者已運用了兩項在當時來說屬頗為新穎的科學知識。（呀！我是否沒有告訴你們小說寫於何時？說出來你們可能會感到驚訝，原來小說寫於一九六一年，距今已超過三分之一個世紀！）所以我常常說，我們毋須是一個科學家才可以進行科幻創作，卻必須對科學的發展有敏銳的觸覺。

看完了「科學」部分，讓我們簡短地談談小說中的「幻」。科幻中的「幻」，往往並非完全憑空的杜撰，而只是將現今世界中某種現象作出富於想像力的引伸。例如：今天的社會對電腦已是愈來愈倚賴，這種趨勢發展下去，會不會有一天整個世界會由電腦管治？（如阿西莫夫在短篇故事 *Conflict Evitable* 中所描述的景象。）人類的平均壽命在過去數百年來已顯著提高，而老齡化在社會上已引起了不少問題。如果將來人人都可以活到一百二十歲，會帶來怎麼樣的後果？在這個超級商品主義的社會之中，形形色色的廣告已是無孔不入，這種趨勢發展下去，會出現怎麼樣的情況？最後這個問題，正是雷‧羅素透過 *The Room* 這篇作品嘗試回答的。

最後看看這個故事的小說技巧。作者至少運用了「顛覆性思維」和意料之外（卻又在情理之中）的「驚奇結局」這兩大技巧。讓我們先看看「顛覆性思維」：

"I can turn off the TV?"

"There ain't no TV. No phone neither."

"No all-night Sleepco next to the bed? No sublims in the mirrors? No Projecto in the ceiling or walls?"

'None of that stuff."

Crane smiled. He counted out the rent into her dirty hand.

在今天，如果一間酒店或公寓沒有無線上網（Wi-Fi）設施，肯定難以找到客人光顧。男主人翁在查詢後所作出的反應，絕對是顛覆性的。

至於「驚奇結局」方面，相信大家看至故事的結局時，都必然是先感錯愕，然後是恍然大悟而發出會心微笑——

Crane left, still smiling, the key clutched in his hand.

Mrs. Ferman picked up the phone and dialed a number. "Hello?" she said. "Ferman reporting. We have a new one, male, about thirty."

"Fine, thank you," answered a voice. "Begin treatment at once, Dr. Ferman."

對了，這種先引導讀者然後筆鋒一轉的驚奇結局，正是作者故意安排的一種小說技巧。試想想，如果作者一開首便說：「在二十一世紀，商品的廣告滲透到每個人的起居飲食之中。任何人想抗衡這種趨勢，都會被看成是反社會的分子⋯⋯」那將會是多麼俗套和大煞風景啊！

至於故事中諷刺廣告無孔不入的各種幽默而辛辣的描寫，當然亦是小說趣味濃郁的原因。我們毋須在此一一贅述。

總括來說，這篇寫於五十多年前的科幻作品既無超人、外星人或機械人，亦無死光槍、太空船或時間機器，卻是娛樂性與探討性（甚至可說是批判性）兼備，實在是很值得我們借鑑的。

怎樣才算是優秀的科幻小說？透過上述例子，相信大家對這個問題的答案必定有較深刻的認識吧。但客觀的分析始終不能取代主觀的體驗。只有當我們親自閱讀了大量各色各樣的科幻作品，我們的鑑賞能力才會逐步提高，而有關科幻作品孰優孰劣的問題，自會毋須分析便瞭然於胸了。

1=4

科幻中的科學
──介乎科學與想像之間

你或者會說，若要每一事物每一細節都如此符合科學，那還有甚麼空間容納我們的想像？所謂「科幻創作」不是成了自欺欺人的一回事嗎？……

顧名思義，科幻小說是「科學＋幻想＋小說」的結晶品。雖然我們不能以「科學」在字面上排於首位，即認為科學在重要性上居於三者之首，但科學成分對於科幻小說的重要性，顯然也毋庸置疑。然而，坊間不少打著科幻旗幟的作品，正在這一點上最為薄弱。

簡單的邏輯是，作為一種文藝體裁，出色的科幻小說本身必須是一篇出色的小說。但反過來說，一篇出色的小說卻不一定是一篇出色的科幻小說。其中的關鍵，當然是科幻小說中所包括的科幻意念，以及作者對這一意念的探討和發揮。

從字面上看，所謂「科幻意念」，自然是「科學＋幻想」所衍生的意念。其中有「科學」的部分，亦有「幻想」的部分。但在實

際的創作中，兩者必須緊密結合。而最高的境界，是達到天衣無縫、混為一體的地步。拙劣的科幻小說，亦往往在這一點上栽倒，也就是故事內容中的科學歸科學、幻想歸幻想，兩者幾乎毫不相干。

基於這一分析，本文的主題雖然是「科幻中的科學」，但在討論這些「科學」時，將無可避免地涉及「科幻意念」的範疇。當然，筆者會盡量分清其中的科學部分和幻想部分，從而使我們更清楚地看到它們在小說創作中的微妙關係。

・科幻小說 vs 科技預測

首先要澄清的一點是，一些人以為科幻小說是一種「科技預測」（technological forecast）的智力遊戲。不錯，在過去一個世紀多的科幻作品中，不少預測都成為事實。其中最著名的有凡爾納（Jules Verne）的深海潛艇，威爾斯（H. G. Wells）的坦克、空戰和死光，根斯巴克（Hugo Gernsback）的視訊電話，以及眾多的小說有關太空飛行、電腦化、機械人和生物工程學等的描述。但我們要弄清楚的是，科技預測既非科幻小說的任務，更非科幻小說的終點。

更確切地說，科技預測充其量只能是科幻小說創作的起點，單單預測一項新科技無法構成一篇引人入勝的小說。真正引人入勝的，是深入探討這項新科技所會帶來的影響。近年來，人們對科技應用的日益關注，產生了一門稱為「科技評估」（technological assessment）的研究領域。在某一個意義上，不少優秀科幻小說所進行的，正是一種「未來科技評估」（assessment of future technologies）的工作。但這種「評估」不能枯燥乏味，而必須具有豐富的娛樂性。

不過，無論我們在從事認真細緻的「未來科學評估」，還是只想寫一篇輕鬆奇趣的科幻小品，我們都必須對科技和它的母體——科學——有一基本的認識，否則構思出來的故事必會錯漏百出，甚至根本不能成立。

• 「卡蓬」一聲與激光橫飛

舉一個簡單的例子。例如我們在一本科幻小說中讀到一場星球大戰的描述，其中一句卻道：「敵方的一艘太空船被我們的光子魚雷擊中。『卡蓬』一聲的炸了開來。」讀到這樣的描寫，稍有科學常識的讀者都必然報以「噓」聲。因為我們知道，聲音必須有賴空氣（或其他介質）來傳遞。太空中沒有空氣，又何來「卡蓬一聲」呢？

如果上述有違科學的描述，只在描述一場太空大戰中出現也還罷了，但試想想，如果我們描述一個天才罪犯發明了一支能殺人於無形的聲波槍，後來他逃到月球，並以這支槍在月球表面跟追捕他的警方「火拚」⋯⋯這將是多麼荒謬的一篇創作啊！

另一個有違科學——卻也最被人忽略的例子，是我們在「星球大戰」式的電影中，常常見到的「激光橫飛」的景象。要知光線只有落在我們的視網膜之上才可被我們感受到；也就是說，一束激光在我們的眼前掠過的話，哪怕光束有多強，如果其間沒有塵埃把光線散射到我們的眼中，我們將甚麼也看不到！太空中沒有空氣也沒有塵埃，則大戰即使如何激烈，如果用的主要是激光武器，則我們應該甚麼也看不到才是。

可惜的是，荷里活的科幻電影為了營造效果，都漠視上述的基本常識而到處「卡蓬」並「激光橫飛」！

再舉另一個例子。不少 UFO 目擊報告中，都說所見的「飛碟」能夠在極高速飛行時作接近 90 度的轉彎。假設一本描述「外星人駕駛飛碟侵略地球」的科幻小說也作出同樣的描寫，並描述故事的主人翁如何潛進其中一架飛碟以進行破壞，則作者必須作出解釋，為何主人翁的血肉之軀，在飛碟急速轉彎時不會被巨大的離心力壓成肉醬？

· 從地球到月球，凡爾納犯錯了！

不要以為只有二、三流的科幻作家才會寫出有違科學的東西，即使是科幻大師也有失手的時候。其中最著名的，正與方才提及的加速力（離心力是加速力的其中一種表現）有關。

凡爾納於一八六五年發表的《從地球到月球》，可說是描述人類如何以科學的方法前往月球的首部作品（我國的嫦娥奔月可說是以非科學方法「登月」的代表作）。但凡氏構思的方法，嚴格來說並不科學。

如何克服地球的引力衝出太空？凡爾納當時其實面對兩個選擇──火箭推進與砲彈發射。但當時的火箭技術原始而砲彈技術發達，凡氏對火箭推進沒有信心，於是選擇了後者。他沒有深入考慮的是，要令「砲彈太空船」達到地球的「逃脫速度」，太空船發射時所產生的巨大加速度，將會使其內的船員壓成肉醬！

聲波和光線的傳遞，以及加速度的作用等等，其實並非甚麼高深的科學原理，但我們在創作時若不以科學的頭腦考察問題，便很容易弄出笑話，貽笑大方。

·月球跳高，照計 6 倍就錯了！

另外一例，月球表面的引力只是地球的六分之一左右，這似乎是十分簡單的一項常識。按此推論，一個在地球上重 60 公斤的人，在月球上只會重 10 公斤左右。好了，假設這人是一名徒手跳高的好手，而在地球上的跳高紀錄是 1.5 米，則我們是否可以憑此推論，在一個「月球奧運會」之上，他可以跳過 1.5 × 6 = 9 米的高度呢？

你若在一篇科幻小說中作出這樣的描寫，對不起，你可大錯特錯了。為甚麼？因為這名運動員是有身高的！也就是說，他在地球上越過了 1.5 米的高度時，並沒有把他的重心提升了 1.5 米之多。一個人的重心大概在他的胸腹之間。而假設這位運動員的重心離地 1.2 米，則他以「背越式」的跳法越過 1.5 米時，其實只是將重心垂直地提升了 0.3 米多一點（為了方便，讓我們暫時把因身體厚度所引致的這「多一點」忽略不計）。

在月球上，運動員的體重只剩下地球上的六分之一。以同樣的氣力，他應該可以把重心垂直地提升六倍的距離，亦即 0.3 × 6 = 1.8 米。由於重心本身的高度是 1.2 米，亦即他可以跳越的高度只是 1.2 + 1.8 = 3 米，而非我們原先計算的 9 米！

·坦克般大的蜘蛛，了解「平方/立方定律」就知錯了！

同樣需要作出一點計算的，是科幻小說中的變大和縮小的描述。先說變大，在一九五○年代的一些荷里活 B 級科幻電影裡，曾描述一些體積細小的動物，由於受到核輻射的影響而變成龐然的怪物。例如一隻蜘蛛便可變得如坦克般大，並到處追噬人類。

姑不論核輻射的這種影響是否有科學根據，但大如坦克的走動自如的蜘蛛，本身便是有悖情理的一回事。

讓我們先不考慮如蜘蛛這般複雜的物體，而只是考察一個簡單的立方體。若我們把立方體的邊長定為一個單元（這個單元的實際長度是甚麼並不重要），則立方體任何一面的面積自是等於 1 × 1 亦即「1 平方單位」，而體積則是 1 × 1 × 1 亦即「1 立方單位」。

你可能有點不耐煩了。這不是連小學生也懂的數學常識嗎？但且慢！讓我們把這個立方體的邊長擴大一倍看看。如今每邊的長度是 2，但每一面的面積和整體的體積又如何呢？不錯，即使是小學生也會算出，面積是 2 × 2 ＝ 4，而體積則是 2 × 2 × 2 ＝ 8。

若邊長不是原來的兩倍而是三倍，則面積會是 3 × 3 ＝ 9 倍，而體積則是 3 × 3 × 3 ＝ 27 倍。

毋須再擴大下去，聰明的你當會看出，一件物體的長度被放大 N 倍時，它的面積——包括表面面積或任何切面的面積——將會放大 N 的二次方這麼多倍，而體積則會放大 N 的三次方這麼多倍。還有的是，這一關係並不受物體形狀的影響。物體可以是立方體、球體、金字塔、不規則體或甚至是一隻蜘蛛！

好了，就讓我們回頭看看這隻可怕的蜘蛛。假設蜘蛛的長度被擴大了 100 倍，但我們有沒有想過，牠的體積從而增加為不是 100 倍而是 100 × 100 × 100 等於一百萬倍！而假設牠的平均密度（即構成的物質）不變，牠的體重也應該增加至一百萬倍之多。

不錯，支撐起這一體重的八隻蜘蛛腳也被擴大了，但每隻腳的橫切面積增加為多少呢？只是 100 × 100 等於一萬倍。簡單的結論是，以增加了只是一萬倍的承托面積，來支撐增加了一百萬倍的重量，這頭蜘蛛一早便會被自己的重量壓垮，哪還可以四出噬人？

也許你會爭論說，方才認為蜘蛛的平均密度不變這個假設可能不成立。可能密度降低了，因而體重沒有增加得這麼多？但以一萬倍的承托面積支撐一百萬倍的重量，你道密度要降低多少？如此「稀薄」的一頭蜘蛛，恐怕要探測到牠的存在也會是一項困難呢！

也許組成蜘蛛的物質在擴大的同時變得堅固起來呢！你可能仍不肯放棄並提出這個假設。但不要忘記，變得堅固一般表示密度更大，亦即蜘蛛的體重將變得更高！此外，如此堅固的物質已沒有可能是血肉之軀。我們倒不如構思一隻由精鋼製造的機械蜘蛛好了！（老實說，要今天的科學家製造一隻如坦克般大而走動自如的精鋼蜘蛛，在承托方面也很成疑問呢。）

上述有關物體大小與其面積／體積比例變化的關係，便是有名的「平方／立方定律」（Square Cube Law）。它解釋了為甚麼在自然界中，我們找不到如大象般巨大的螞蟻，或是像螞蟻般細小的象形生物。

· 神奇旅程的弔詭：縮型術的問題

談到像螞蟻般小的象形生物，讓我們繼而看看科幻小說中有關縮小的描述。其中最著名的，當然是描述把人和潛艇都縮小到細胞般大，而潛艇如何漫遊人體內部的一九六〇年代科幻電影《神奇旅程》（*Fantastic Voyage*）。不過，對於較為年輕的朋友，較為熟悉的可能是這部電影的八十年代版的《零度空間》（*Inner Space*）。

經典科幻電影《2001 太空漫遊》的原作者是科幻大師亞瑟 · 克拉克（Arthur Charles Clarke），這是不少科幻愛好者都知道的一回事。但較少人知的，是差不多於同一時間（一九六八年）上映的《神奇旅程》，參與劇本製作的同樣是一位科幻大師──以撒 · 阿西莫夫（Isaac Asimov）。而阿西莫夫除了把劇本改寫為小說出版外，更在他的一篇科學散文中，詳細地分析了小說背後的科幻意念。這篇分析，可說是說明科學思維對科幻小說的重要性的最佳教材。

在文章中，阿西莫夫問：「科幻小說中的縮形術（miniaturisation）在科學上能否說得通呢？」

從最基本的概念出發，他認為要把一個人縮成一隻螞蟻大小，原則上可以有三種方法：

(一)**壓縮法**：即原來組成這個人的物質全然保留，而這個微型人將有數十公斤重，密度比金還高。不用說這是完全行不通的方法。

（二）**減縮法：**亦即把絕大部分的物質拿走，而微型人的最後質量，將會跟一隻螞蟻差不多。但問題是，我們若在細胞的水準把物質拿走，則腦細胞大減的微型人將變成白癡；若我們在分子的水準把物質拿走，則一些生化反應根本無法進行。兩者的結果都一樣：廢人一個。

（三）**全縮法：**亦即把組成我們的分子、原子及至更低層次的基本粒子都一併縮小，更令它們的固有重量皆按比例減低。姑不論這種微縮技術在科學上是否有可能，但它似乎確是唯一能夠令到微型人不變白癡並能正常走動的方法。而按照阿西莫夫的解釋，無論是電影還是小說中所描述的縮型術，都是基於這種全縮法的構思。

但阿西莫夫隨即問：按照這種全縮法縮形的人，真的能夠如常地活動並駕駛潛艇漫遊人體嗎？他的答案很簡單：「不可能！」

理由之一，是生物體的散熱速率，與其面積／體積比例（surface to volume ratio）成正比。而由於「平方／立方定律」的作用，縮型人的「面積／體積比」將大為增加，亦即他會散熱太快而無法保持正常的體溫。這對冷血的昆蟲來說當然不是問題，但對熱血的人類來說卻是個嚴重的問題。

理由之二，是電磁輻射波的接收器（例如無線電望遠鏡、光學望遠鏡以及我們的眼睛）的解析能力（resolving power）與接收器的接收面積成正比，而與入射電波的波長成反比。這正是為甚麼無線電望遠鏡較光學望遠鏡巨大得多的原因。由於無線電波的

波長較光波大很多倍，因此要達到一定的解像度，接收器必須是龐然大物。

回到我們的微形朋友之上。假設他被縮至接近細胞的水平（否則他如何能漫遊人體內部呢？）則他的瞳孔直徑可能只有數千萬分之一毫米左右。透過如此細小的接收面積觀看事物，在「可見光」波段的解像度必然低得可以。這位可憐的微型朋友，所見到的將會是一片矇矓，跟瞎了眼睛可說沒有分別！

在阿西莫夫的原文中，還給出了理由之三、之四……。但就是至此我們已看得清楚，科學思維在科幻小說中是何等的重要。

・科幻創作中的限制與超越

你或者會說，若要每一事物每一細節都如此符合科學，那還有甚麼空間容納我們的想像？所謂「科幻創作」不是成了自欺欺人的一回事嗎？

錯了！要注重科學細節並不表示我們不能進行幻想。小說情節不能貿然違反現有的科學知識，並不表示我們不能在想像中超越現有的科學知識。事實上，嘗試在想像中超越現有的科學知識，往往是科幻創作中最為引人入勝的一部分。

之所以說「往往」，當然是因為不少優秀的科學作品完全毋須作出這樣的嘗試。例如我們描述人類如何在火星上進行殖民、又或是小行星撞地球如何引起全球大災難，便可以完全以現有的科學知識出發，而毋須虛構一些未知的科學原理。但另一方面，我們若要描述反重力的運輸系統、超光速的星際飛行、人類壽命的無限延長、時間旅行、隱身術，或方才談過的放大和縮小的技

術等，則我們有必要虛構一些新的科學知識甚至科學理論，以解釋上述不少有違現今科學理論的事物為甚麼在將來會成為可能。

要虛構出一套有說服力的「未來科學理論」，當然不是一件容易的事情。你甚至會說，我如果能夠圓滿地解釋隱身術如何可能，我可能已經發明了隱身術，而不是在寫科幻小說了。

這個非難可說不無道理。事實上，縱觀百多年來的科幻小說，曾認真地從事「未來科學理論建構」的可說少之又少。小說中的「超能科技」固然需要一定的解釋，但這些「解釋」大多屬於「合理化」（rationalization）的描述，而非「理論建構」（theory building）的偉大嘗試。

・科幻創作中的軟硬兼施

在某一意義上，「科學化解釋」（scientific rationalization）的多寡是分辨「硬科幻」和「軟科幻」的指標之一。以硬科幻迷而言，小說中「科學化解釋」正是科幻小說最引人入勝的地方，是閱讀樂趣的主要泉源。但對軟科幻迷來說，這些都是無關宏旨，可有可無的東西，他們關心的，是科幻意念的心理、倫理和社會的引申。就以方才提及的隱身術為例，硬科幻迷有興趣的是這種技術的理論根據，軟科幻迷有興趣的，則是隱身術所會帶來的心理、倫理和社會後果。

文首曾經指出，科幻小說的任務，是「探討新科技所會帶來的影響」，似乎是站在軟科幻迷的一邊；但接著下來的討論（聲波傳遞、加速作用、月球跳高、放大縮小等），卻又似乎十分注重小說中的科學性，從而較為接近硬科幻迷的要求，究竟筆者是「傾軟」還是「傾硬」呢？

其實筆者想指出的是，真正優秀的科幻作品都必然是「軟硬兼施」的。所謂「軟」，就是要有探討性；所謂「硬」，就是要有科學性。「探討性」要照顧科幻意念（如隱身術）的社會引申（如所引起的私隱和治安問題），而「科學性」則要照顧這一意念的科學引申（如透光的視網膜無法形成光學影像，隱形人如何能夠看得見東西？）兩者是缺一不可的。

「科幻中的科學」其實是一個極其豐富多姿的題目，再寫十倍這兒的文字也無法寫完（如阿西莫夫的「機械人學三定律」（The Three Laws of Robotics）和「心理史學」（psychohistory）便可以寫滿一本書。）如今惟有附上一份「科幻意念創作點子」，希望各位能同時以「軟」和「硬」的角度考察每一項意念。也許它們能有助激發出一些出色的科幻創作也說不定呢！

14
科幻中的科學
介乎科學與想像之間

【附錄：科幻意念創作點子】

· 太空探險、太空工業化、太空軍事化、太空殖民

· 太陽能收集站、奧尼爾式太空站、太空升降機

· 星際航行、超光速、星際殖民、星球大戰、銀河帝國

· 外星生命、外星人、與外星人溝通、外星文明、外星侵略

· 環境改造、人工控制天氣、環境戰爭、行星改造、宇宙工程

· 可控核融合、嶄新能源、嶄新材料、元素蛻變、物質循環

· 人工光合作用、肉類培育

· 海洋開發、海上城市、海底城市、海洋畜牧、海洋農場、海洋殖民

· 隱形術、縮形術、穿牆術、光波輸送

· 超感心理現象：心靈感應、傳心術、預知未來、念力、念力浮懸、
超空轉移

· 情緒控制、思想控制、行為控制、大腦移殖、腦體分離

· 長壽、回春、人造冬眠、長生不老

· 生物醫學工程、基因工程、複製人、改造人、人造生命、喪屍

· 超級智能、超人、超能動物

· 超級電腦、人工智能、網絡甦醒

· 機械人、人機結合、機器（人／機）進化

· 力場、反重力

- 黑洞、蛆洞、超時空之旅
- 時間旅行、因果悖論、改變歷史
- 超次元空間、多元宇宙
- 人口爆炸、資源枯竭、環境污染
- 全球暖化、氣候災變、生態崩潰
- 核子大戰、生物戰爭、化學戰爭、電子戰、信息戰
- 全球瘟疫
- 文明崩潰、文明倒退、文明重建
- 天體撞擊、宇宙災變
- 納米科技、奇妙的發明、可怕的發明
- 烏托邦、反烏托邦
- 虛擬現實、虛幻與真實
- 語言與現實
- 歷史的規律
- 未來的社會制度、未來的經濟制度
- 未來的政治制度、國際形勢
- 未來的藝術、宗教、教育、娛樂、體育……
- 人類未來的演化、人類與宇宙的最終歸宿

1-5

發揚科幻中的批判精神

*作為一種消閒的讀物,科幻小說必
須帶有趣味性。然而,科幻小說既以科
技發展對人類的影響為題材,它又必須
具有探討性……*

〔前言:筆者於一九九七年七月出席「九七北京國際科幻會
議」,以下是我在會議上的發言。〕

對於不熟悉科幻小說的人士來說,「九七北京國際科幻會議」
的主題定為「科學、科幻、和平與發展」可教他們丈八金剛、摸
不著頭腦,甚至令他們感到主辦當局故作高調。但對於熱愛而又
熟悉科幻小說的朋友,當然知道科幻小說除了趣味的一面,還有
它鋒銳的探討、甚至批判的一面。把科幻小說與現代化、電腦化、
環境、自然和人(會議將逐一討論的題目)等「嚴肅」的題目扯在
一起,實在不足為奇。

・科幻小說在社會的存在意義

雖然科幻小說可以具有深刻的批判性，卻不表示如今充斥在市面的作品都具有這種特質。與此相反，就筆者粗略的觀察，科幻小說的批判性，無論是政治的、社會的、文化的，還是哲學的，近年來都有下降的趨勢。這是一個令人憂慮的現象。這種趨勢若發展下去，科幻小說將會喪失它的社會活力，而最終淪為一種小圈子的興趣。從這個角度看，這次國際科幻會議以高姿態把主題定於科學、和平以及社會未來發展的層次，突顯科幻小說的探討和批判的社會功能，是十分值得我們鼓舞的。

筆者並不反對趣味性。事實上，現代科幻小說之父儒勒・凡爾納（Jules Verne）以趣味為主的所有作品，都曾經是我珍貴的精神食糧。直至今天，我仍然認為它們具有很高的價值。而科幻小說在離開它的誕生地和跨越英倫海峽後，確實發展到一個更高更成熟的境界。威爾斯（H. G. Wells）的作品固然具有趣味性，但更為令人珍視的，是它們的探討性和批判性。

主流文學固然也往往具有探討性和批判性，但它的視野主要定於現在和過去，而關心的是人與人之間的關係多於科技與社會之間的關係。科學這股強大的歷史塑造力量，可說是主流文學中的一個盲點。作為一種新興的文學體裁，科幻小說正好彌補主流文學在這方面的不足。

無論是《時間機器》（*The Time Machine*）、《宇宙戰爭》（*War of the Worlds*）、《隱身人》（*The Invisible Man*）、《莫洛博士島》（*The Island of Dr. Moreau*）、《諸神的食糧》（*Food of the Gods*），還是《睡者醒來的時候》（*The Sleeper*

Awakes），威爾斯的作品都較凡爾納的小說富於探討性和社會意識。繼承這一傳統的，有著名的二十世紀三大「反烏托邦」小說：扎米亞京（Yevgeny Zamyatin）的《我們》（*We*）、赫胥黎（Aldous Huxley）的《美麗新世界》（*Brave New World*）和歐威爾（George Orwell）的《一九八四》（*1984*）。我相信絕大部分人都會同意，這些作品可說是科幻界的驕人之作。

・不應止於娛樂大眾

但問題是，其中最新的一本《一九八四》發表至今也將近五十年。縱觀二十世紀下半葉，它們的繼承者是誰呢？

在五十年代，我們仍然可以找到如馮內果（Kurt Vonnegut）的《自奏的鋼琴》（*Player Piano*, 1952）、布萊柏雷（Ray Bradbury）的《華氏 451 度》（*Fahhrenheit 451*, 1953）以及波爾（Frederik Pohl）和康布勒夫（Cyril Kornbluth）合著的《太空商人》（*The Space Merchants,* 1953）等富於社會批判性的作品。

在六十年代，對傳統道德觀念挑戰的有海萊因（Robert A.Heinlein）的《異鄉中的異客》（*Stranger in A Strange Land*, 1961）和布傑斯（Anthony Burgess）的《發條橙》（*A Clockwork Orange*, 1962）。對人口過剩和環境污染敲響警鐘的則有哈里遜（Harry Harrison）的《讓開！讓開！》（*Make Room! Make Room!*, 1966）和布隆納（John Brunner）的《站在桑辛巴》（*Stand On Zanzibar*, 1968）等尖刻的作品。此外，還有狄克（Philip K.Dick）的眾多探討虛幻和真實的對立，以及個人與建制間的對立的精彩作品。

事實上，西方科幻界在六十年代出現了所謂「新浪潮」（New

wave），倡議者除了在創作風格上追求創新外，在內容上也力圖打破以往的禁區和藩籬，鼓吹社會批判甚至反建制的精神。科幻創作曾因而被灌以一股新的活力。

七十年代的科幻創作，很大程度上是六十年代新浪潮的延續。布隆納以生態崩潰為題的《羊兒仰望》（*The Sheep Look Up*, 1972），可說是《站在桑辛巴》的續篇。哈爾德曼（Joe Haldeman）的《無休止的戰爭》（*The Forever War*, 1975）和《惡貫滿盈》（*All My Sins Remembered*, 1977）是尖銳的反戰作品。而波爾（Frederik Pohl）的《傑姆星》（*Jem*, 1979）則對國與國和人與人之間的永恆猜忌作出了深刻的諷刺。

此外，七十年代間還出現了一個可喜的現象，就是在傳統純男性的科幻世界裡，冒起了一些優秀的女性作家。其中如勒岡恩（Ursula Le Guin）所寫的《無處容身》（*The Dispossessed, 1974*）以及勞斯（Joanna Russ）所寫的《雌性的男人》（*The Female Man*, 1975），都是批判科幻創作中的傑作。

可惜的是，踏進了八十年代，隨著世界性的保守主義回歸，科幻小說的社會批判銳氣也日漸消減。曾於六、七十年代被認為過時的「硬科幻」（hard SF，即強調科學細節和科學細節合理性的作品）再次抬頭。啟其端的可說是佛沃德（Robert F. Forward）的《龍蛋》（*Dragon's Egg*, 1980）。接著下來的這十多年，謝菲爾德（Charles Sheffield）、羅伯特·佛爾德（Robert Forward）、葛瑞格·貝爾（Greg Bear）、斯蒂芬·巴科斯特（Stephen Baxter）、大衛·布林（David Brin）、歐森·史考特·卡德（Orson Scott Card）、卡羅琳·賈尼斯·徹里（C.J.Cherryh）、弗諾·文奇（Vernor Vinge）等較活躍的作家，大多向舊式的「史詩式科幻」

（epic SF）甚至「太空闊幕劇」（space opera）回歸。好像《華氏 451 度》、《發條橙》或《無處容身》等富於探討性和批判性的作品，已很難在書店中找到了。

不錯，八十年代出現了所謂「電腦崩」（cyberpunk）的潮流，在一定程度上探討了電腦科技日益發達對人類的影響。但就筆者看來，這些作品大都譁眾取寵有餘而認真探討不足，與優秀科學創作中的社會批判傳統仍有一段頗大的距離。

在此必須指出的是，筆者其實是一個硬科幻的愛好者，而方才舉例的《龍蛋》，實是我最喜愛的科幻小說之一。由是之故，硬科幻在八十年代的捲土重來，對我來說是很矛盾的一回事。應該這麼說，我歡迎人們多些從事硬科幻的創作，但我更希望見到人們重拾批判科幻的旗幟，發揚科幻創作的社會批判精神。

比起西方科幻的百多年歷史，中國的科幻創作可說仍在發展的階段。但早於一九三二年，中國其實便已出現了一本極富批判意識的出色科幻作品。它便是老舍所寫的《貓城記》。令人遺憾的是，這本傑作長期被扣以「政治錯誤」的帽子，直至一九八四年才得以在國內重見天日。

・中國的科幻未來

《貓城記》發表至今已大半個世紀，正如我於上文的提問：它的繼承者是誰呢？

可能筆者孤陋寡聞，至今仍未發現可以真正繼承《貓城記》的作品。最接近的，可能是台灣作家葉言都的《海天龍戰》。其中收錄的多篇作品如〈高卡檔案〉、〈綠猴劫〉和〈我愛溫諾娜〉

▲ 佛沃德（Robert F. Forward）的《龍蛋》（*Dragon's Egg*）是其中一本筆者喜愛的「硬科幻」作品。

▲ 台灣作家葉言都的《海天龍戰》讓人看到了中文科幻裡薪火不滅的批判精神。

等，使人看到了中文科幻裡薪火不滅的批判精神。

　　毋庸諱言，這種精神之未能發揚光大，是因為過去數十年來，科幻在中國主要被看作為普及科學的工具，而並非刺激思考和探索社會狀況的工具。但我們也不要忘記西方科幻的狀況──即使不存在任何創作上的禁制，我們也無法保證批判精神能得到繼承和發揚。事實上，在高度商業化的社會裡，寫一些純以趣味取勝而不要求讀者思考的作品，往往更能賺錢。美國作家皮爾斯·安東尼（Piers Anthony）便曾坦白地承認，他由創作科幻轉而撰寫大量純幻想（fantasy）小說，是因為後者更易寫而銷量更大。

　　面對二十一世紀，中國正在經歷著一趟舉世矚目的現代化過程。究竟甚麼是「現代性」？現代性與科技發展之間存在著怎樣的辯證關係？「現代性批判」與「科技批判」的最終目的是甚麼？凡此種種，都是極待我們深入思考和探索的問題。學術分析對此固然重要，但要喚起普羅大眾對這些問題的關注，科幻小說往往更為直接有效。

　　我謹在此呼籲，在不失趣味性之餘，科幻小說應該肩負起它的社會功能。在二十一世紀前夕舉辦的這次「北京國際科幻會議」，使我這方面的發展燃點了新的希望。主辦當局是否真的「故作高調」，就要看我們往後能否多些寫出既富趣味性又富探討性的優秀作品了。

1=6

科幻之沉思
——「超然視角」與「人文關懷」之間的張力

> 「我們不應只是看到現實世界是個
> 甚麼樣子，還必須看出世界應該是（或
> 可以是）怎麼樣子，並以大無畏的精神
> 追尋這個理想中的世界。」……

　　二〇一一年七月廿二日，筆者懷著興奮的心情前往香港灣仔
會議展覽中心，為的是聆聽劉慈欣所主講的一場「名作家講座」。
這場講座名為「以科幻的眼睛看現實」。在講座中，大劉（內地
的讀者對他的暱稱）進一步把這個題目分為「從科幻的角度看經
濟與環境」和「從科幻的角度看政治與社會」這兩個子題目。

　　有關前者，筆者曾撰寫一篇名為〈從劉慈欣的慨歎到 Wall-E
的震撼〉的文章以表達我的觀點，而大劉亦以電郵作出了回應。
本文的要旨，在於探討講座的第二部分：「從科幻的角度看政治
與社會」所引發的思考。

首先要交代的是，在講座之後的發問時間，第一個子題目沒有引來多少問題。至於第二個子題目，則引起了不少在座同學的尖銳提問，這些問題包括：

- 《三體》（劉慈欣最著名的作品）中以「族類生存為先」的大前提，是否有違康德（Immanuel Kant）所提出的「最高道德律令」（categorical imperative）？（以筆者的理解，這道律令的核心精神是：「人永遠只應被看作為目的而非手段」。）

- 你的作品中似乎在宣揚一種史賓塞式的「社會達爾文主義」，這是你本人的信念嗎？

- 你的作品中往往透露出很強的「技術主義」（technocratism）的傾向。你認為技術真的可以解決一切問題嗎？

老實說，這些問題可謂深得我心。我本打算從「人文關懷」的角度以就教於講者，但幾位年輕人的提問與我的基本上同出一轍，為了留下較多的時間讓其他人發問，我於是沒有舉手提問。（我與香港科幻會一眾會友將於第二天接待大劉 —— 因而有機會向他直接提問 —— 當然也是原因之一。）

・科幻創作中的「超然視角」

在大劉的講座之中，除了他提出的「人類已經放棄了太空而把未來寄託於環保」的一聲稱令我震撼外，講座中令我留下深刻印象的還有兩點，其一是他借用了西方短篇科幻經典 The Cold Equations 以說明宇宙是冷酷無情的，違反了大自然的規律就要

付出沉重的代價，甚至要賠上性命。其二是他以「歷史微積分」指出人類的文明不斷演化，而只能活在此時此刻的我們，從原則上沒有可能理解未來人類的世界觀價值觀，因此也不可能理解他們所作的取捨，唯一不可違逆的是整個族類的生存，因為沒有了生存便甚麼也不用談了。

當然，在講座中，由大劉所設計和展示的一幅類似「S 曲線」（又稱「sigmoid curve」或「邏輯斯締方程」）的圖，主要在於說明科幻創作中的弔詭：科幻既以想像和探討未來為己任（至少絕大部分作品如是），那末它要做的，正是一個原則上沒有可能的任務（mission impossible）—— 去描述一些超乎我們現時想像與理解的東西！

在歷史哲學的探究中，我們其實也碰到同樣的問題 —— 歷史裡的人和事既已消逝，我們憑甚麼來判斷當事人哪些決定是對？哪些決定是錯的呢？

史學中有一個帶有頗強貶義的稱謂是「輝格式史觀」（Whig History，「輝格黨」是英國十七至十九世紀期間一個重要的國會黨派），也就是無視於某一歷史階段的種種環境和思想制約 —— 氣候生態上的、物質資源上的、文化傳統上的、社會結構上的、宗教上的、工藝水平上的，以至各種「潛規則」上的制約，而純粹以今人的價值和觀點來評價過去。由此引申而來的一種觀點，就是過去每一階段的歷史發展，都是達致今天狀態所必須經歷的。

把這種觀點作進一步的引申，我們便得出了著名的「潘格羅斯式樂觀主義」（Panglossianism），即「我們所處的世界已經是

最好的了」（We are living in the best of all possible worlds.）。這種觀點最為人所熟知（亦因此而得名），乃來自由法國文豪伏爾泰於一七五九年所寫的一本小說《憨第德》（*Candide, ou l'Optimisme*）。二〇〇九年陳冠中所寫的「反烏托邦」小說《盛世》，封面就用了伏爾泰的名句：**「在所有可能的世界中最好的一個世界裡，一切都是最好的。」**（當然，這是陳冠中帶著嘲諷的引用，寓意是我們必須時刻自我警惕，不要墮入了「潘格羅斯式樂觀主義」的 —— 特別是別人製造的 —— 陷阱。）〔有關《盛世》的更多小說賞析，請參閱本書 2-9 內容〕

好了，我們將大劉上述兩張圖加起來，似乎得出一個結論 —— 科幻在嘗試「探究未來」這個「不可能的任務」之時，絕不應以今人的價值和觀念作出評價，否則的話，我們只會寫出「輝格式」的拙劣作品；唯一可以作出的評價，便只有整個族類的存亡這一項。理由正如上述：「沒有了存在便甚麼也不用談了」；而對於這個觀點，我稱之為科幻創作中的「超然視角」。

表面看來這十分有道理。但立刻在我心中出現的問題是：「那麼所有偉大文學作品所包含的人文關懷呢？」

・科幻創作中的「人文關懷」

簡單的邏輯是，所謂「人文關懷」，當然也只是歷史的產物，而於不同的歷史時期，其具體內容自會有所不同。把今天我們認同的「人文關懷」放到關於未來（特別是遙遠的未來）的故事裡，當然是一種「輝格式」的錯誤。

但問題是，沒有了人文關懷，作品還怎麼能夠引起讀者的共鳴呢？

▲ 西班牙文豪塞萬提斯（Miguel de Cervantes Saavedra）
的名著《唐吉柯德》*Don Quixote*。

　　所謂「人文關懷」，是指對人生的目的、價值和意義的不斷探問，以及對「真、善、美」的不鍥追求。西班牙文豪塞萬提斯（Miguel de Cervantes Saavedra）的名著《唐吉柯德》（*Don Quixote*）之所以留存後世備受推崇，除了他在文學上的價值外，還在書中所作的呼喚：

　　「我們不應只是看到現實世界是個甚麼樣子，還必須看出世界應該是（或可以是）怎麼樣子，並以大無畏的精神追尋這個理想中的世界。」

　　在 Youtube 上大熱的哈佛大學教授邁可‧桑德爾（Michael Sandel）的講課錄像，其內容被整理為書籍的《正義：一場思辨之旅》（*Justice – What is the Right Thing To Do?*）之中，桑爾德雄辯地指出：

　　「我們必須鄭重地回應亞里士多德的呼籲而恢復對『美德』（virtue）的追求。相反，如果我們以為美德純粹只是一種個人的

選擇，而不再與現代人的道德有任何相干之處，則我們的社會最終會掉進『道德相對主義』（moral relativism）的泥沼之中。」

上述的討論其實是千百年來哲學中有關「絕對主義」（absolutism）與「相對主義」（relativism）——特別是「道德相對主義」——的延續。

一個連中學生也懂得的弔詭是：「『絕對真理』是不存在的。」這句說話究竟是否絕對地真？（如果「是」它便會立刻自我否定！）如果不是而世間真有「絕對真理」的話，那麼這些真理又可以拿甚麼來驗證？如果說有些終極的真理是毋須驗證的，那麼又是誰說了算呢？（永遠正確的偉大舵手？）「絕對真理」和「獨斷論」如何能夠劃分清楚？

而從文學關懷角度看，問題可被轉為：「世間上有恆久而又彌足珍貴的『人性』嗎？」

按照「超然視角」的觀點，人性之為物，當然也是歷史演化的產品，因此也是不斷演變的。唯一不變的，是族類的繼續存活這個無可爭辯的原則。《三體》這部鉅著所隱隱透露著的，正是這樣的一種觀點。

但族類的繼續存活真的是最高的原則嗎？舉一個極端的例子：假設全人類已被一族科技遠遠超越我們的外星族類所征服，而且世世代代被他們囚禁飼養，以供他們食用、狩獵和實驗之用，而任何反抗都會立刻招致滅族，在這種情況下，「整個族類的生存」是否仍是至高無上的目的呢？

▲ 道斯妥耶夫斯基（Dostoevsky）小說《白癡》（*The Idiot*）。

道斯妥耶夫斯基（Dostoevsky）在小說《白癡》（*The Idiot*）中則提出了以下的道德難題：「**如果要一個無辜的小孩永恆地飽受折磨，卻可換來全人類長久的幸福，我們會選擇這樣做嗎？**」

以筆者之見，所有這些，正是大劉香港講座之後，同學們紛紛提問背後的思考。而這的確是一個很大的弔詭。優秀的科幻作品一方面要有「超然視角」，另一方面又要有深刻的「人文關懷」。正是魚與熊掌，兩者如何可以兼得？

在較低的層次，一個類似的弔詭是「異樣／陌生」（exoticism）與「普遍／熟稔」（universalism）寫作手法之間的矛盾。

·出色科幻創作之具備條件

優秀的科幻創作必須帶有某種程度的迥異和陌生感，但我們若嚴格遵守這一要求去描述一些「發生在未來」的事情，讀者便根本無法理解，亦因此難以產生共鳴。例如我們撰寫一個基於「未來愛情觀」（假設與今天的相差很遠）的未來愛情故事，你道有多少人會有興趣閱讀？更簡單的說，我們知道即使是同一種語言，古人的運用跟今人有很大分別，不用說很遠，莎士比亞時代的英語（所謂 Shakespearean English）跟今天的現代英語便大為不同。我們若是十足認真地進行科幻創作，可以自創一套已經演化得面目全非的「未來語言」，然後以這套語言來進行創作。但如此一來，讀者只會不知所云、趣味索然。

這兒必須指出，兩個弔詭（「超然與人文」、「陌生與熟稔」）主要針對的是長篇小說，短篇小說因可標榜「以奇趣為先」而避過這一矛盾。例如波爾（Frederick Pohl）便曾經寫過一個發生在遙遠未來的「愛情故事」《百萬日》*Day Million*，其間的所謂「愛情」已非我們所能理解。〔其實在長篇小說裡進行類似的嘗試，較著名的有布傑斯（Anthony Burgess）在《發條橙》（*Clockwork Orange*）中所創的 Nadsat 語言，而法蘭克·赫伯特（Frank Herbert）的大量「未來詞彙」，並在書末編撰了好像字典一樣的「詞彙解釋」，這當然大大增加了小說的「擬真性」和趣味性。〕

▲ 波爾（Frederick Pohl）曾撰寫一個發生在遙遠未來的「愛情故事」《百萬日》（*Day Million*）。

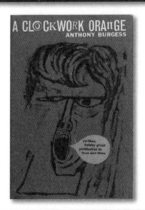

▲ 布傑斯（Anthony Burgess）的著作《發條橙》（*Clockwork Orange*）。

·兩者兼具之西方優秀著作

　　面對這些弔詭，赫胥黎（Aldous Huxley）在《美麗新世界》（*Brave New World*）中的處理可說是一個經典。在故事所描述的未來世界裡，無論社會制度、價值觀念、風俗習尚以至人們的思想和感情，都和我們的大相逕庭。顯然，如果作者只描寫這個世界中發生的一些事情，那麼對讀者的吸引至多只會停留在「奇趣」的層面。使它變成偉大作品的，是小說中那個因為堅守「原始感情」而被看作為「野人」（the Savage）的角色。這個野人所代表的，正是我們所最為珍視的「人性」和由此衍生的「人文關懷」。結局中野人自縊後的屍體「像鐘擺般一時盪向東、一時盪向西」的景象，既令讀者無限的唏噓，也引發起我們對文明和人性的深刻反思。

　　在西方的科幻作品裡，採用超然視角而成就斐然的名著著實不少。英國作家史坦普頓（Olaf Stapledon）於上世紀三十年代所寫的《最先與最後的人》（*The Last and First Men*）是其中的表表者。故事的時間跨度從今天到達二十億年的未來（我說「今天」並沒有錯，因為出版於一九三〇年的這本書一開首便講述影響全球的「中、美爭霸」！），其間描述了整整十八族不同人類的盛衰（今天的人類只是剛起步的「第一族」！）可以這樣說，雖然接近一個世紀過去了，而科幻創造不斷向前發展，但迄今卻未有一部作品能夠在氣魄和視野上跟這本奇書匹敵。

　　英國天文學家霍爾（Ford Hoyle）的小說《黑雲》（*The Black Cloud*）描述一團星際物質闖進太陽系造成災難，而後來才發現這「星雲」乃是一種遠遠超乎我們想像的高度智慧生物，這

▲ 赫胥黎（Aldous Huxley）的《美麗新世界》（*Brave New World*）。

▲ 史坦普頓（Olaf Stapledon）的《最先與最後的人》（*The Last and First Men*）。

是我最為鍾愛的科幻作品之一。它的超然角度在於，人類中的一個科學家曾經努力嘗試跟這團「黑雲」透過無線電波溝通，而「黑雲」亦已盡量作出配合，但由於彼此間的心智發達程度相差太遠，這個科學家最後因為思想過載心力交瘁而死。

我的另一至愛是更為人熟知（因為曾兩度拍成電影）的波蘭科幻大師史坦尼斯羅夫・林姆（Stanislaw Lem）的傑作《梭那利斯》（*Solaris*）。故事中異星海洋的超能力與超道德的行為是超然視角的最佳發揮之一；而男主角對亡妻復活的複雜感情以及不肯接受宇宙間有超乎理解事物存在的理性執著，則是人文關懷之所在。（同樣以不同智慧族類無法達致溝通為題材，林姆較後期發表的 *Fiasco* 則把超然視角發揮得更淋漓盡致。）〔本書 2-5 有對《梭那利斯》更詳盡的賞析〕

〔本書 2-5 有對《梭那利斯》更詳盡的賞析〕

因篇幅關係，筆者無法對威爾斯（H. G. Wells）的《時間機器》（*Time Machine*）、《未來的模樣》（*The Shape of Things to Come*），史坦普頓（Olaf Stapledon）的《恆星締造者》（*Star Maker*）、劉易斯（C. S. Lewis）的《逃出寂靜的行星》（*Out of the Silent Planet*）、史圖格斯基兄弟（*Strugatsky Brothers*）的《路邊野餐》（*Roadside Picnic*）、《肯定或者》（*Definitely Maybe*），以及克拉克（Arthur C. Clarke）的《童年的終結》（*Childhood's End*）、《2001 太空漫遊》（2001 A *Space Odyssey*）和海萊因（Robert Heinlein）的《異鄉中的異客》（*A Stranger in Strange Land*）等等作品逐一進行分析。而我想在這裡特別一提的，是阿西莫夫（Isaac Asimov）的兩個著名中篇作品《夜幕低垂》（*Nightfall*）與《醜陋的小男孩》（*The Ugly Little Boy*），分別正是基於超然視角與人文關懷的兩篇傑作。

▲ 霍爾（Ford Hoyle）的小說《黑雲》（*The Black Cloud*）。

▲ 威廉‧吉布森（William Gibson）的小說《神經浪游者》（*Neuromancer*）。

自上世紀八十年代以降，隨著電腦科技的突飛猛進，科幻界出現由威廉·吉布森（William Gibson）的小說《神經浪游者》（*Neuromancer*）啟其端的所謂「賽博朋克」（cyberpunk，又稱作「電腦崩」）潮流。將這一潮流作進一步引申，便出現了「人、機結合」（man-machine amalgamation）與「科技奇點」（technological singularity）這些觀點。也就是說，隨著人工智能不斷的發展，它終有一天（可能就在本世紀）超越人類；而人類為了不被淘汰以及提升自己和追求永生，最後惟有與機器——無論是肉身或是心靈上——結合起來。到了那個時候，我們的心智能力、思想和感情都可能變得面目全非，以至我們今天所認知的人類已名存實亡。

·「奇點」與「人性」的探討

這當然是本文主題最尖銳的一種體現。以筆者之見，即使「奇點」真的出現，其後仍會有「『人』文崩壞」這個議題，只是那時的「人」以至他的「人性」已不是今天的我們所能理解。這當然正是「奇點」這個詞的意思——它是借用了黑洞物理學所推斷的、存在於黑洞中心的「時空奇點」，因為到了這個點，人類一切已知的理性分析工具皆會失效。

其實早於六十年代，科幻大師克拉克便已在他的名著《未來剖視》（*Profiles of the Future*）之中探討人類消亡的可能性，並且作出了以下的「豪情壯語」：

「沒有一個人可以永恆地存在；那末我們憑甚麼以為人類作為一個族類可以亙古長存呢？尼采說：『人僅是動物與超人之間的一條接鏈——一條跨越深淵的繩索。』這其實已是一項崇

高 的 使 命。」（No individual exists for ever; why should we expect our species to be immortal? Man, said Nietzsche, is a rope stretched between the animal and the superman – a rope across the abyss. That will be a noble purpose to have served.）

但說到底，「超然」只是西方科幻的一個面相，而且往往不是最重要的面相。西方的傑出科幻作品之中，不乏充滿了人文氣息的感人作品。赫胥黎的《美麗新世界》固然是一個例子；而更受科幻迷鍾愛的，必然是丹尼爾・凱斯（Daniel Keyes）所寫的中篇《獻給阿爾吉農的花束》（*Flowers for Algernon*），後來被擴展為長篇小說並被拍成電影，但論感人至深的仍以中篇為首選〔有關這個故事的賞析，請參閱本書 2-6 的內容〕。此外，布萊柏雷（Ray Bradbury）的《火星紀事》（*Martian Chronicles*）、《華氏451 度》（*Fahrenheit 451*）、波爾（Frederik Pohl）的《通往宇宙之門》（*Gateway*）、《火星超人》（*Man Plus*），以及《傑姆星》（*Jem*），還有哈德曼（Joe Haldeman）的《永恆的戰爭》（*The*

Forever War) 等都是令人難以忘懷的作品。有趣的是，史坦普頓
（Olaf Stapledon）的《天狼傳》（Sirius）是筆者認為最富人文精
神、最為感人的科幻著作之一，但故事中的主角卻根本不是人！
而克拉克固然以他的超然和宏觀視野見稱，但一些讀者最喜愛
的，反而是他富於感性和充滿人情味的《遙遠地球之歌》（Songs
of Distant Earth）。

回到中文科幻的世界，筆者有一個頗為奇怪的觀察，就是近
年多部出色的作品，都帶有濃厚的超然色彩（韓松的《紅色海
洋》、王晉康的《十字》、劉慈欣的《三體》是其中幾個例子）。我
之所以說奇怪，是因為我們中國人一向以注重「人情味」見稱（至
少我們這樣自視），而往往認為西方人過於注重理性而不夠感性。
但從中、西方最優秀的科幻作品看來，情況似乎剛好相反。

・人文精神之真諦價值

或說所謂「人文精神」（humanism）乃是西方文藝復興的產
物，而中國既沒有經歷近似的演變，更因「君權」大於一切而個
體的「人權」從未彰顯，是以人文精神並不發達？筆者可不大同
意這個說法。試看《周易》的「天行健，君子以自強不息」；孔子
所說的「人能弘道，非道弘人」、「天道遠、人道邇；未知生、
焉知死」；孟子所說的「食色性也」、「仰不愧於天，俯不怍於人」、
「富貴不能淫，貧賤不能移，威武不能屈，此之謂大丈夫」、「民
為貴、社稷次之、君為輕」、「人人皆可堯舜」；荀子所說的「人
有氣、有生、有知、亦且有義，故最為天下貴也」；張載所說的「民
吾同胞，物吾與也」、「為天地立心，為生民立命，為往聖繼絕
學，為萬世開太平」等等，皆閃耀著人本主義（相對於西方的「神
本主義」）和人文精神的光輝。

▲ 史坦普頓（Olaf Stapledon）的《天狼傳》（Sirius）。

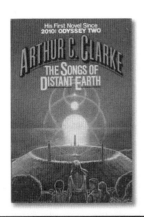

▲ 克拉克（Arthur C. Clarke）富於感性和充滿人情味的《遙遠地球之歌》（Songs of Distant Earth）。

▲ 韓松的《紅色海洋》。

▲ 王晉康的《十字》。

在筆者看來，人文精神的真諦，首先在於肯定此世的價值，而無論有沒有「來生」，「此生」仍應是我們努力之所在。更重要的一個核心精神，當然便是「人是價值的最終泉源，是道德自覺、實踐和創造的主體」這個觀念。西方基督文明強調「原罪」和「救贖」，人的最高使命是「榮耀上帝」。相反，東方文明（包括儒家和佛家）都強調「自力」而非「他力」──人生的圓滿不在於外在的救贖，而在於內在的奮進自強。此外，在肯定和堅持自我的尊嚴、自我的能力、自我的責任及自我的抉擇等各方面，東方的人文精神肯定絕不遜於西方。也許，西方浪漫主義以降，個人主義（individualism）得以不斷發展（或說已經過分膨脹），而東方則仍然較為強調社群價值（communitarian values）（最負面的看法，是馬克斯批評的傳統社會中的「人身依附關係」），但這個分野與文藝創作之中是否包含著人文關懷沒有必然關係（即西方式的個人主義並非人文精神的必要條件）。

但我還必須指出，在超然視角背後，中國近年來多部傑出的科幻作品還是有濃厚的悲情色彩。要是讓我作出猜測的話，我認為這是中華民族過去百年歷史──也包括今天的現實──所造成的創傷烙印。

回到大劉的講座之上。老實說，筆者看罷《三體》，認為它實在包含著濃厚的人文關懷，並非一部純粹以超然立場撰寫的作品（否則它也不可能吸引這麼多讀者）。奇怪的是，大劉在主持講座及回答提問之時，的確表現出一種十分超然的態度，更指出（即使不是明確地也是暗喻）成功的科幻創作必須帶有「超道德」的取向。無怪乎有人在網上說：「真人的大劉比小說中的大劉更大劉！」

▲ 劉慈欣的《三體》小說榮獲 2015 年「雨果獎－最佳小說獎」。

第二天香港科幻會接待大劉時，我趁晚飯坐在他身旁跟他談論了不少問題。因篇幅關係，詳細的內容當然無法在此交代。我只想借此重申一點個人的看法：「超道德」本身其實也是一種道德；而「道德沒有意義」這個命題本身就是一個道德判斷。年輕人的提問反映出他們充分（至少在潛意識上）明白這個道理。

以上是筆者的淺見，當然不一定正確。但就超越中、西方特色的科幻創作本身而言，「超然視角」與「人文關懷」確實存在著永恆的張力。如何在這兩者之間取得平衡，是對創作者的一大挑戰，也是令讀者著迷之處。

1-7

綠色科幻巡禮

> 真正優秀的科幻作品不但沒有逃避現實，反而能夠勇於面對真實的世界。它們對現實世界種種問題的探討和反思，往往比主流文學更為深刻、更有卓見⋯⋯

提起科幻小說，不少人都有「脫離實際」甚至「逃避現實」的感覺。不錯，如果你心目中的科幻就只是《星球大戰》(*Star Wars*) 或《超人》(*Superman*) 等電影，那的確是「脫離現實」，最多只能起到消遣的作用。但人們有所不知的卻是——幸好在一群科幻迷的努力推動下，從「不知」到「知」的人正在慢慢增加——上述這些作品在科幻世界中只屬末流，絕不足以反映科幻世界的真實面貌。

本文要提出的是：真正優秀的科幻作品不但沒有逃避現實，反而能夠勇於面對真實的世界。它們對現實世界種種問題的探討和反思，往往比主流文學更為深刻、更有卓見。就以人類和環境

的關係作例子，科幻小說比一般文藝作品甚至學術專著都更為先知先覺。我們今天所熟悉的「環保主義」或「綠色思想」，在科幻世界中並不是甚麼新鮮的事物。

·十九世紀之綠色科幻創作

早於一八八五年，李察·謝菲爾斯（Richard Jefferies）便已在他的臆想性小說《倫敦以後》（*After London*）裡面，表達了「文明乃是人類對自然環境的一種污染」這種思想。在小說中，大自然對人類作出了報復——一場不知名的災難把文明摧毀，餘生的人類重新被投到自然的狀態之中。

一八九二年，另一篇以倫敦為背景的作品面世。在這篇名為《倫敦的末日》（*The Doom of London*）的小說中，作者羅伯特·巴爾（Robert Barr）描述了未來的倫敦因化學毒霧籠罩而窒息的景象。六十年後，倫敦的空氣污染竟不出巴爾所料，終於在

▲ 李察·謝菲爾斯（Richard Jefferies）的小說《倫敦以後》（*After London*）。

一九五二年發生了著名的「毒霧」事件，一周內便死了四千七百人之多。正是這事件才導致一九五六年英國《清潔空氣法案》的成立。這一發展足以證明巴爾當年的預見。

·二十世紀之綠色科幻創作

不過，踏進了二十世紀之後，一股樂觀的思潮曾一度支配著科幻界。大部分科幻小說家都認為，當時所見的各種工業污染會隨著科學和技術的進步而消失，因此在他們所描繪的未來世界裡，所見的都是窗明几淨、一塵不染的美好景象。例如在威爾斯（H.G. Wells）晚年的作品《未來世界》（*The Shape of Things to Come*）之中，環境的污染顯然被認為是一個早已解決了的問題。而在大洋彼岸，在雨果·根斯巴克（Hugo Gernsback）推動下發展起來的美國流行科幻雜誌（sf pulp magazine），也絕少有關於環境污染的作品。

第二次世界大戰以後，經濟迅速發展，而大規模工業化對環境造成的破壞亦日見嚴重。一九五八年，康博夫（C. M. Kornbluth）的科幻短篇《鯊船》（*Shark Ship*）首先敲起了這方面的警鐘。一九五九年，谷巴（Edmund Cooper）寫了一篇名為《光的種子》（*Seed of Light*）的作品，描寫人類把大量的廢氣傾注到大氣層中，最後使地球的大氣充滿了像一氧化碳等有毒氣體，令生命難以延續。這可說是以全球性大氣污染為主題的最早作品之一。

▲ 威爾斯（H.G. Wells）的作品《未來世界》（*The Shape of Things to Come*）。

▲ 谷巴（Edmund Cooper）的作品《光的種子》（*Seed of Light*）。

但總的來說，四、五十年代有關環境破壞的科幻作品，重點不在於一般的工業污染，而在於核戰和核能所帶來的危險。對於經歷了廣島和長崎的世代而言，這種關注是不難理解的。然而，即使在廣島原爆之前，科幻小說便已走在時代的前頭。

早於一九三〇年，坎貝爾（John W. Campbell）便已在他的作品《原子崩壞時》（*When the Atoms Failed*）之中，描述如何從原子內部釋放出巨大的能量。有趣的是，直至一九三三年，首次成功地實現原子核「人工蛻變」的著名物理學家盧瑟福（Ernest Rutherford），仍然在一次演講中強調：「把原子能看成是一種未來的動力來源，完全是一種不切實際的妄想。」

一九四〇年，海萊因（Robert A. Heinlein）寫了《核爆意外》（*Blow-ups Happen*）這篇經典作品。在故事裡，海萊因不獨描寫核能發電（記著那時還只是一九四〇年），而且還述及在一所核電廠工作時所涉及的心理壓力和潛在的危險。在半個世紀後的今天看來，這可說是一篇先知先覺的預言作品。翌年，海萊因再寫了《無濟於事》（*Solutions Unsatisfactory*），進一步探討了以輻射塵作為武器的可怕景象。

上述都是短篇作品，在長篇小說方面，一部經典的作品是迪雷（Lester Del Rey）所寫的《恐慌》（*Nerves*）。在這部小說裡，作者以一種十分寫實的手法，敘述一間核電廠內所發生的事故，以及所引發的公眾恐慌。令人驚訝的是，這個故事最先寫於一九四二年，到一九五六年被改寫成長篇小說——前者的時間比「廣島原爆」早了三年，後者亦比「三里島事件」（一九七九年三月三十八日美國賓夕法尼亞州薩斯奎哈納河三里島核電廠曾發生在一次爐心熔毀事故）早了二十三年。

▲ 坎貝爾（John W. Campbell）的作品《原子崩壞時》（*When the Atoms Failed*）。

▲ 迪雷（Lester Del Rey）的作品《恐慌》（*Nerves*）。

但科幻界中一次最著名的事件，則是在一九四四年——即原子彈爆炸前一年發生的。當時一位名為卡米爾（Cleve Cartmill）的作家發表了一篇名為《限期》（*Deadline*）的作品，其間竟描述了一顆原子彈的製造過程。要知當時美國研製原子彈的「曼哈頓計劃」（Manhattan Project）是在極秘密的情況下進行的。有關當局獲悉這篇作品後大為吃驚，以為秘密外洩，於是派了聯邦調查局的人員前往審查。後來證實這只是小說家根據已發表的資料作出的推想——而非秘密外洩——才作罷。

自廣島與長崎原爆以後，有識之士都深深感到核戰對文明的重大威脅。不少科幻作品於是以核戰浩劫為題材，其中較突出的有史特金（Theodore Sturgeon）於一九四七年發表的《雷鳴與玫瑰》（*Thunder and Roses*）和舒特（Nevil Shute）於一九五七年發表的《在沙灘上》（*On the Beach*）。後者描述美、蘇發生核子大戰，一班在澳洲的人雖然倖免於難，但逐漸瀰漫的輻射塵正慢慢飄向澳洲，人們只有靜靜等待死亡的來臨。一九五九年，荷里活把小說搬上銀幕，拍成了一部使人印象難忘的浩劫電影。

▲ 卡米爾（Cleve Cartmill）的作品《限期》（*Deadline*）。

▲ 史特金（Theodore Sturgeon）的《雷鳴與玫瑰》（*Thunder and Rose*）。

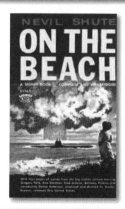

▲ 舒特（Nevil Shute）的《在沙灘上》（*On the Beach*）。

一九五八年，作家彼德·喬治（Peter George）寫了《紅色警報》（*Red Alert*）這篇小說，描寫兩個劍拔弩張的超級大國，如何在意外的情況下觸發了一場核子浩劫。一九六三年，這篇小說也被拍成電影，片名是《奇愛博士，或我如何學會停止憂慮並愛上了原子彈》（*Dr. Strangelove, or How I Learned to Stop Worrying and Love the Bomb*）。影片由名演員彼德·斯拉（Peter Sellars）一人分演三個角色，而執導的不是別人，正是後來導演經典科幻電影《2001 太空漫遊》的史丹利·寇比力克（Stanley Kubrick）。

回到工業污染的話題之上。把科幻作家的注意力從核戰帶返工業污染這個題目之上的，是一九六二年面世的環境保護運動中的經典著作《寂靜的春天》（*Silent Spring*）。在這本資料詳盡的著作裡，女作家麗切爾·卡森（Rachel Carson）首先指出了一些人工合成的農藥——其中特別是被廣泛應用的「滴滴涕」（DDT）——對生態所造成的破壞。由於這些化合物無法像一般有機物般被生物所分解，因此會長期地留存在環境中，並被生物一級一級地集中到體內而造成危害。

▲ 彼德‧喬治（Peter George）的《紅色警報》（*Red Alert*）。

▲ 麗切爾‧卡森（Rachel Carson）的《寂靜的春天》（*Silent Spring*）。

正如在核戰和核能的主題上，科幻作品中總有個別會走在時代的前頭。就以生態危機來說，早於一九四七年，摩爾（Ward Moore）便已發表《比你想像中還要綠》（*Greener Than You Think*）這篇故事。在故事中，地球的生態失去了平衡，一種新的草本植物迅速蔓延，最後竟然扼殺了所有其他植物，為人類帶來了災難。一九五六年，基斯杜化（John Christopher）則寫了一篇《草的死亡》（*The Death of Grass*），故事內容謂一種新的病毒摧毀了地球上所有草本植物（亦即包括了所有穀物），不用說，人類亦因此而遭到滅絕的厄運。此外，史圖亞特（George Stewart）更加直接，在他於一九四九年完成的長篇小說《地球仍在》（*Earth Abides*）之中，描述人類受到一種新的病毒感染而幾乎死亡殆盡。這在當時看來可能是危言聳聽，卻沒料到數十年後竟有愛滋病毒肆虐，令全球聞之色變。〔註：本文寫於上世紀八十年代，那時愛滋病被視乎「世紀絕症」。可幸今天我們已能把它控制。但與此同時，禽流感、SARS、伊波拉病毒等仍令疫症的威脅沒有完全消失。全球暖化令西伯利亞等地的凍土融解，更令人擔心會釋放出一些人類毫無抵抗力的古細菌古病毒，從而肆虐全球……〕

▲ 摩爾（Ward Moore）的《比你想像中還要綠》（*Greener Than You Think*）。

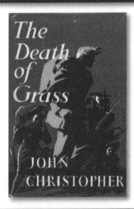

▲ 基斯杜化（John Christopher）的《草的死亡》（*The Death of Grass*）。

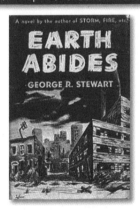

▲ 史圖亞特（George Stewart）的《地球仍在》（*Earth Abides*）。

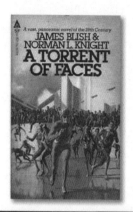

▲ 麗布列殊（James Blish）的《面孔的洪流》（*A Torrent of Faces*）。

▲ 麗布魯納（John Brunner）的《站在桑給巴爾》（*Stand On Zanzibar*）及《羊兒仰望》（*The Sheep Look Up*）。

　　自從《寂靜的春天》發表以後，以生態危機為題材的科幻作品如雨後春筍，成為了科幻創作中的一大類型。其中較突出的作品有一九六八年出版、布列殊（James Blish）的《面孔的洪流》（*A Torrent of Faces*），以及布魯納（John Brunner）先後於一九六九及一九七二年出版的《站在桑給巴爾》（*Stand On Zanzibar*）與《羊兒仰望》（*The Sheep Look Up*）等。其中《站在

桑給巴爾》用了接近六百頁的篇幅，以悲觀而陰沉的筆觸描述廿一世紀前夕、地球面臨生態全面崩潰時的可怕景象，可說是這類型作品的代表作。故事中的地球，被富可敵國、唯利是圖的大企業和大傳媒機構所控制。除了環境污染和生態崩潰外，到處還充滿著仇恨、暴力、種族衝突、青少年犯罪、藥物濫用、性汜濫、優生學實驗、洗腦等，讀後簡直使人有絕望的感覺。如果不是心智堅強的人，勸喻不要閱讀這本著作。

一九六八年，狄克（Philip Dick）發表了《複製人夢見的是電動綿羊嗎？》（*Do Androids Dream of Electric Sheep?*），其間便述及由於人類日益把自然界污染，致令所有高等生物消失殆盡。這部小說後來也被拍成電影，名為 *Blade Runner*，在港上映時名為《二〇二〇》。可惜在電影中，上述這一意念被淡化了。

▲ 狄克（Philip Dick）的《複製人夢見的是電動綿羊嗎？》（*Do Androids Dream of Electric Sheep?*）。

▲ 阿西莫夫（Isaac Asimov）的《鋼窟》（*The Caves of Steel*）。

▲ 巴納德（J. G. Ballard）的《福樂億年》（*Billenium*）。

　　環境破壞的主因是人口爆炸。在這方面，科幻小說亦很早便作出了反應。 一九五四年，阿西莫夫（Isaac Asimov）在長篇小說《鋼窟》（*The Caves of Steel*）中便已接觸過這個問題。 一九六一年，巴納德（J. G. Ballard）的短篇故事《福樂億年》（*Billenium*）則可說是有關居住環境日益擠逼的經典之作。一九六六年，夏禮遜（Harry Harrison）發表了長篇小說《讓開！讓開！》（*Make Room! Make Room!*）更把這一主題發揮得淋漓盡致。一九七三年，荷里活把小說拍成電影，改名為 *Soylent Green*，在港上映時名為《人吃人》。

▲ 羅夏禮遜（Harry Harrison）的
《讓開！讓開！》（*Make Room! Make Room!*）。

▲ 羅倫（William F. Nolan）和莊遜（George C. Johnson）的
《洛根的逃亡》（*Logon's Run*）。

在電影《人吃人》中的一項描述，是未來世界的人一到六十歲便要自動往「註銷」中心進行「安樂死」，死後的身體則用來製造食物以養活愈來愈多的人口。如果你認為這已夠驚人的話，羅倫（William F. Nolan）和莊遜（George C. Johnson）於一九六七年合著的《洛根的逃亡》（*Logon's Run*）則更為極端。在這小說中，未來世界的人進行「升天」的年歲不是六十而是二十一！這本小說後來也被拍成電影，香港的譯名是《廿三世紀大逃亡》。

▲ 史弗堡（Robert Silverberg）的
《內裡乾坤》（*The World Inside*）。

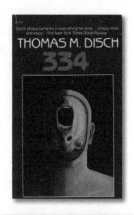

▲ 迪殊（Thomas M. Disch）的 *334*。

▲ 巴納德（J.G. Ballard）的
《高樓大廈》（*High Rise*）。

▲ 赫伯特（Frank Herbert）的《多剎
特實驗》（*The Dosadi Experiment*）。

　　人口過分擠逼而造成的社會、人際、心理等問題，也是科
幻小說的一項重要題材。這方面的代表作分別有：一九七二年
由史弗堡（Robert Silverberg）所寫的《內裡乾坤》（*The World
Inside*）及迪殊（Thomas M. Disch）所寫的《334》；一九七五
年由巴納德（J.G. Ballard）所寫的《高樓大廈》（*High Rise*）；
一九七七年由赫伯特（Frank Herbert）所寫的《多剎特實驗》（*The
Dosadi Experiment*）等。

▲ 賓福（Gregory Benford）的《時域》（*Timescape*）。

一九八〇年，賓福（Gregory Benford）發表了長篇小說《時域》（*Timescape*）。小說描述在九十年代末，生態破壞日益惡化，而一種變了種的藻類，更在巴西對開海面迅速蔓延。這種藻類就像一場超級的「紅潮」，眼看便要席捲全球，令所有大洋窒息。一名原本在研究超光速粒子的物理學家有見及此，便透過超光速粒子發射器，把一項求救訊號送返三十多年前的六十年代，希望那時的人類能及早阻止生態的破壞，避免災難在九十年代末發生。正如所有時間旅程的故事一樣，這牽涉到因果上的悖論。至於作家如何解釋這個悖論？而人類又是否終能得救？恕我賣個關子，留待各位把書找來欣賞。〔以「時間悖論」為題的終極作品是海萊因於一九五八年所寫的 *All You Zombies*，故事可於網上免費閱讀；而於二〇一四年上映的改編電影 *Predestination*（港稱《逆時空狙擊》）也絕不可錯過。〕

一九八二年，美國作家舒爾（Jonathan Schell）發表了一本名為《地球的命運》（*The Fate of the Earth*）的論著，在美國甚至世界各地也引起很大的震動。書中以極沉痛的筆觸，深入分析一場核子大戰對人類及至整個地球的生物界所會帶來的影響。作者最後的結論是──抵抗輻射能力最強的動植物是蟑螂和草類，因此核戰後餘生的就可能只是這兩種生物。

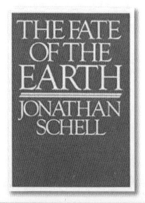

▲ 舒爾（Jonathan Schell）的《地球的命運》（*The Fate of the Earth*）。

在中文的科幻創作方面，張君默於一九八四年發表了《大預言》一書，可說是香港首部較為認真和具有探討性的科幻小說。書中雖以「創生人」（即西方科幻中的 androids）的爭取自由為主線，但對地球的生態破壞，亦有十分深刻甚至痛心的描寫。可惜對於不斷追求高消費高享受的香港人來說，這部小說的警世訊息未有受到重視。

一九八五年，可能是受了上述舒爾的作品所影響，香港的蘇富昌寫了一篇類似題材的幻想小說《一個昆蟲與青草的國度》，並奪得了第一屆「新雅少年兒童文學創作獎」的科學文藝組冠軍。

一九八七年，蘇君再接再厲，寫了一篇《天堂與地獄》，其中述及環保運動被政府列為非法，於是出現了一個名為「綠教」的地下組織。故事亦指出，即使人類已能征服星空，但對環境是保護還是破壞仍將是個重大的課題，綠色思想可謂十分突出。這篇作品亦奪得當時「新雅文學獎」的亞軍，並收錄在得獎作品集《訓導主任一〇一》之中。

▲ 香港作家蘇富昌的《一個昆蟲與青草的國度》這故事，曾獲得第一屆「新雅少年兒童文學創作獎」科學文藝組冠軍。

在台灣，科幻作家葉言都所寫的多篇精彩作品如〈我愛溫諾娜〉、〈綠猴劫〉和〈高卡檔案〉等，都以人類肆意干預自然界的平衡而帶來災難作主題。這些作品都收錄在《海天龍戰》一書之中。這是一本不容錯過的極優秀中文科幻創作。

相信很多人都喜歡看宮崎駿的漫畫及由此改編而成的電影，但大家可有留意，他的多部作品如《風之谷》、《千與千尋》和《幽靈公主》等都包含著十分強烈的環保意識？而於一九八四年發表的《風之谷》和於一九八六年發表的《天空之城》都是屬於科幻作品。此外，荷里活於二〇〇八年製作的動畫 *Wall-E*，講述人類（當然只是少數）因地球環境全面崩壞而要逃往太空避難，亦對人類社會現今的發展敲起了警鐘。

人類對自然環境的肆意破壞，不單危害到自己，也把不少生物物種趕上滅絕之路。一個可怕的事實是，人類自二十世紀至今導致滅絕的物種數目，比人類過去所有歷史加起來的還要多！無論從哪一個角度看，這都是無可饒恕的重大罪行。

‧當我們讀幻科時，我們在關心甚麼？

由本篇對「綠色科幻」的概述，我們可以看出，科幻小說不但沒有逃避現實，反而對不少現實問題作出了關注和探討，比一般主流文學來得更為敏銳，更能「先天下之憂而憂」。例如我們今天在談論著「溫室效應」的威脅，擔心全球增溫會導致海平面上升，而早於一九五九年，日本名作家安部公房（《砂丘之女》的作者）便已在他的小說《第四間冰期》中，提出了兩極冰帽溶化的危險。此外，「太空垃圾」的問題正日益嚴重，近年來已對太空航行構成一定的威脅，而早於一九六〇年，懷特（James

White）在他的作品《致命的垃圾》（*Deadly Litter*）中便已探討了這個問題。〔要看關於氣候災劫的較新作品，筆者極力推薦金・史丹利・羅賓遜（Kim Stanley Robinson）於二〇一七年發表的《紐約 2140》。〕

　　總之，科幻創作既以探討科技發展對人類社會的衝擊為主要目的，那末在環境保護的戰線上，必能繼續作出更大的貢獻。

▲ 日本名作家安部公房的作品《第四間冰期》。

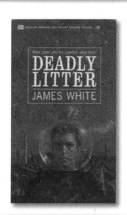

▲ 懷特（James White）的作品《致命的垃圾》（*Deadly Litter*）。

1=8
科幻中的未來醫學

> 科幻大師克拉克（*Arthur C. Clarke*）
> 的名言是：「任何足夠先進的科技文明
> 將會跟魔術無異。」請試想想，在五百
> 年前的醫生看起來，今天的醫生所能做
> 的，不是跟魔術一樣不可思議嗎？……

說出來大家可能感到訝異，《星球大戰》（*Star Wars*）電影系列令我最為震撼的一幕，不是那些整里長的太空船（mile-long spaceship）、「死亡之星」的最初現身，或是凌厲激烈的太空戰爭場面（因為這些都只是科幻小說經典情節的視覺重現），而是男主角「天行者」被「黑魔君」斬去手臂後，手臂重新生長而完全康復的那一幕！

一心以為手臂被斬後，男主角會成為好像武俠電影《獨臂刀》中的悲劇英雄人物。枉我是個科幻迷，卻跟其餘觀眾一樣被編劇愚弄，竟然一時間忘記了：未來世界中當然有「未來的醫學」囉！

如果大家跟我一樣是第一代的《星空奇遇記》（Star Trek）迷的話，則我們對科幻世界中的「未來醫學」其實很早便有認識。還記得太空船「企業號」（Enterprise，「麗的電視」於一九六八年將劇集引入香港並配上粵語對白時稱為「冒險號」）上的醫生McCoy手上常常拿著的診斷儀（tricorder）嗎？當頸上掛著聽筒仍然是醫生的最重要標誌之時，Dr. McCoy的診斷儀的超級功能就跟魔術（巫術？）差不多。

我萬萬想不到的是，這個本應在廿三世紀（《星空奇遇記》所設定的時代背景）才出現的科技，在我有生之年已經出現了。大家在閱讀本文時，手腕上可能已經帶著一隻不斷監察著你的身體狀況的多功能手錶。不要忘記現在才是廿一世紀初，有誰知道真的到了廿三世紀，McCoy的診斷儀是否要在博物館才找得到？（此外，船上醫療室每張病床床頭的生機動態顯示，在上世紀六十年代屬非常先進，但在今天基本上已可實現。）

・科幻小說中的「未來醫學」

一些人認為成書於一八一八年的《科學怪人》（Frankeinstein）是歷史上第一本科幻小說。如果我們同意這個觀點，那麼醫學和生物改造一早便和科幻創作結下不解之緣。大家可能知道，作者瑪麗・雪萊（Mary Shelley）是受到當時剛剛發現的「生物電」（bioelectricity）現象而獲得到創作靈感的。百多二百年後，在公共場所幾乎到處可見的「自動體外心臟除顫器」（AED）所用的原理，

▲ 瑪麗・雪萊（Mary Shelley）的《科學怪人》（Frankenstein）（繁體中文二百週年紀念版本）。

跟佛蘭克斯坦用以激活「科學怪人」的幾乎一樣。至於激烈程度小得多的應用，則是我們筋腱創傷後，進行物理治療所用的「微電流」療法。（今天的中醫已把這種微電流技術和針灸結合起來。）

有關生物改造的經典科幻作品，當然是科幻大師威爾斯（H.G. Wells）於一八九六年作寫的《莫洛博士島》（*The Island of Dr. Moreau*）。令人驚訝的是，遺傳學在當年仍只在萌芽階段，而基因的確立和 DNA 結構的發現還在半世紀後的未來，但威爾斯已經大膽地假設人類（至少是故事中的瘋狂科學家）擁有改造生物的能力，從而將人和獸之間的界限模糊起來。

然而，筆者印象最深刻的「未來醫學」故事，首推中學時期讀的、由美國作家 C.M. Kornbluth 於一九五〇年所寫的短篇故事《黑箱子》（*A Little Black Bag*）。要知當年醫生出診時，都必然帶著一個黑色的醫藥箱（多是皮革製並於開口處由橫向的金屬條封口），而故事正正描述一個庸醫，因為無意中拾到一個來自未來的「醫療箱」而成為了一代名醫的經過。

這是一個十分精彩的科幻意念。的確，另一位科幻大師克拉克（Arthur C. Clarke）的名言是：**「任何足夠先進的科技文明將會跟魔術無異。」**請試想想，在五百年前的醫生看起來，今天的醫生所能做的，不是跟魔術一樣不可思議嗎？

不要說五百年後，就只是一百年後，我們的醫學會變得如何不可思議？這固然是任何人都想知道答案的問題，更是科幻作家不能勿視的重大課題，因為它既是創作意念的一大靈感泉源，也是描述未來世界時必須考慮的道具布景（就像「天行者」的斷臂一樣）。

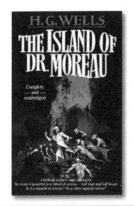

▲ 威爾斯（H.G. Wells）的《莫洛博士島》（*The Island of Dr. Moreau*）。

▲ 科恩布魯思（C.M. Kornbluth）的《黑箱子》（*A Little Black Bag*）。

　　《黑箱子》是短篇小說，在長篇科幻小說之中，以醫學為題材的首推詹姆斯·懷特（James White）所創作的 Sector General 系列（共十三本作品，創作橫跨上世紀六十至九十年代）。系列的背景是較為遙遠的未來，那時人類已經跟眾多的外星族類建立起友好的關係，而故事主人翁是一間星際太空醫院裡的出色醫生。系列的故事便是講述他遇上各種稀奇古怪的醫療事故（不少都跟外星人有關）的事跡。系列中既有短篇故事集（如 Hospital Station），也有長篇的小說（如 Star Surgeon 和 Blue Code - Emergency）。在筆者看來，這些小說雖然未算頂級的科幻，但其中包含了豐富精彩的想像，也很富娛樂性，是最被人忽略的一個科幻系列。

▲ 詹姆斯·懷特（James White）的《太空醫院》（Sector General）系列（共十三本作品）的首部作品 Hospital Station。

・科幻創作中對未來醫學成就之預測

好了，如果我邀請大家推測未來五十至一百年的最重大醫學成就，你會列舉出甚麼東西呢？以下是筆者的一些預測：

- **戰勝癌症**：雖然筆者兒時（我說的是半世紀前！）已經讀到「人類很快便會戰勝癌病」的預測，而這個預測直至半世紀後的今天仍未完全實現（所以我是有點被騙的感覺！），但我還是相信，隨著細胞學和分子生物學等的突飛猛進，人類與癌症的鬥爭將於不久（如五十年內）以勝利告終。

- **幹細胞療法（stem cell therapy）**：將會愈來愈普及，至令很多以往難以治愈的疾病都能得到醫治（或至少受到控制）。現在已經有不少公司鼓勵父母把剛出生嬰兒的臍帶血儲存，以為嬰兒將來提供治療疾病的後盾。

- **人造器官（如人造心臟）**：隨著幹細胞科技的進步，我們應該可以在實驗室裡培植出各種人體的器官，而不再需要活人或剛死去的人作出器官移植。而（你可能說我一廂情願）好像科幻電影《昏迷》（*Coma*, 1978）、《謊島叛變》（*The Island*, 2005）或《別讓我走》（*Never Let Me Go*, 2010）等的情節不用發生。

- **人造血液**：如果好像心臟或腎臟等也能培植出來，人造血液自也可能實現。由於它的應用範圍更廣，應會為醫學（特別是外科手術）帶來深遠的革命。

- **人造皮膚：**嚴重燒傷灼傷的人都要做植皮手術，但可用的皮膚卻往往供不應求。人造皮膚的出現會大大造福這些受傷的人。

- **體內納米機械人的應用：**隨著納米技術的進步，我們最終可能接受把先進的納米機械人（nanobots）注射到我們的體內，一方面監察著我們的身體狀況，一方面在發現問題時及早採取措施以根除病源。也就是說，微創手術會發展成為「超微創手術」，而科幻電影《神奇旅程》（*Fantastic Voyage*, 1966）和《零度空間》（*Inner Space*, 1987）等的情節可以成真，只是我們毋須把人和潛艇一起「微縮」，因為漫遊人體內部的只是無人駕駛的「納米潛艇」。

- **醫學美容與回春技術：**今天的醫學美容已是極大的生意，這種趨勢在可見的將來只會持續。假設這種科技不斷發展，將來可能實現科幻小說描述的「回春」夢想，亦即（隨便舉例）六十歲的人可以回復至三十歲左右的身體狀況；而八十歲的人可以回復至五十歲左右的身體狀況。

- 此外，**隨著 5G 等通訊技術的不斷發達（6G、7G？）：**遙距診斷甚至遙控外科手術等，將由多年來的幻想變為現實。

按照上述的預測，我們至少可以作出兩個重要的引申。第一個是「人造肉」的普及。這兒說的不是豆類或海藻等植物原料所造的肉，而是在實驗室（及工廠）所培植的牛肉、豬肉、雞肉等。這種培育在科幻小說中早有描述，如生物學家朱里安・赫胥黎

（Julian Huxley，第一任「聯合國教科文組織」的秘書長、達爾文摯友湯馬士‧赫胥黎的孫兒）於一九二六年所寫的短篇故事《組織塔養之王》（*The Tissue Culture King*），以及由波爾（Frederik Pohl）和康布勒夫（C.M. Kornbluth）於 1952 年合著的長篇小說《太空商人》（*The Space Merchants*）等。

這種發展當然是大大的好事，因為它既可減少殺生和集約式飼養為動物帶來的痛苦，也可減少畜牧業對環境的嚴重破壞。而透過了培育時的調校，也可減少肉類中對我們健康最為不利的成分，可說是一舉三得。

至於第二項引申，是人類的壽命將會顯著延長。這既是好事又是壞事，前者不用多說，後者是因為以同一出生率計，更長的壽命表示我們對地球資源的需索（礦物、能源、糧食等）以及所製造的廢物和污染將會相應增加，而年輕人的發展空間亦會大大受壓（想想你的上司平均一百歲才退休的情況……）。

上述兩項引申都帶出同一個問題，就是因為人造肉相對而言必定較「真肉」便宜，而「回春」則必然是個十分昂貴的過程，所以結果是：只有十分富有的人才可食到「真肉」和進行返老還童的「回春」手術。請想想，現今世界的貧富懸殊和由此衍生的「仇富」情緒已是如此嚴重，如果再加上這些分化，我們的社會穩定能否維持實在是一個大疑問。

如果大家有看過《極樂世界》（*Elysium*, 2013）這部科幻電影，便知故事的主軸就是富人皆住在環境優美的天空城，而窮人則住在污煙瘴氣的地球表面，而其中一個貧窮的母親，想把身患重病的女兒送往天空城接受醫治的經過。

　　天空城中的全自動診斷和醫療床（囊）被稱為 autodoc，同樣的儀器在《異形》（*Alien*）系列電影的新作《普羅米修斯》（*Prometheus*, 2012）和太空愛情科幻電影《太空潛航者》（*Passengers*, 2016）中也有出現。這兒則帶出了另一個問題，就是隨著醫療技術和人工智能（AI）的發達，醫生這個行業是否會被機器所淘汰？

　　筆者的看法是，大量不涉及高層次判斷和即時決定的醫療過程，確實會被自動機器所淘汰，涉及的人數可能達到現今世界醫生總人數的一半。但至於其餘的一半，則必須自我增值，朝著更高的層次發展。我不認為醫生這個行業會消失，因為即使 AI 能夠作出愈來愈高層次的判斷，我們還是希望有一個人來為這些判斷進行最後的判斷，從而作出確認，或在有必要時作出修正甚至否決。

　　未來醫學還有很多值得探討的地方，例如我們是否真的可以實現「人造冬眠」（artificial hibernation），以令我們可以進行數十甚至數百年長的星際旅行嗎？〔電影《浩劫餘生》（*Planet of the Apes*, 1967）、《2001 太空漫遊》（*2001: A Space Odyssey*, 1968）、《異形續集》（*Aliens*, 1986）、《阿凡達》（*Avatar*, 2009）、《太空潛航者》（*Passengers*, 2016）等電影都作出了這種假設。〕我們又是否可以大幅增進我們的智能，甚至進化到另一個境界？〔電影《畸人查理》（*Charly*, 1968）、《逆天潛能》（*Limitless*, 2011）、《超能煞姬》（*Lucy*, 2014）中的假設。〕而假如為我們有這樣的能力，我們應否把其他動物（特別是猿類）的智力提升？〔新的《猿人爭霸戰》（*Planet of the Apes*）系列電影（2011-17）的大前提。〕最後，人的精神是否可以好像電腦的軟

件一般，被轉移至另一個「硬件」（軀體或電腦）之中，即英文中的所謂 mind up-loading，從而令我們實現長生不死的夢想？〔電影《阿凡達》、《超越潛能》（*Transcendance*, 2014）、《超人類：卓比》（*Chappie*, 2015）中的假設。〕

如果大家還意猶未盡，筆者可以推薦大家看葛瑞格·貝爾（Greg Bear）分別於一九八五年及一九九九年發表的兩本科幻小說《血裡的音樂》（*Blood Music*）和《末日之生》（*Darwin's Radio*）。小說的口號是：「**下一場戰爭將在我們的體內發生！**」預先警告：大家看後發噩夢的話，可不要找我算帳啊！

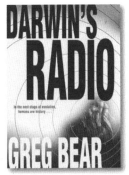

▲ 葛瑞格·貝爾 （Greg Bear）的兩本科幻小說《血裡的音樂》（*Blood Music*）和《末日之生》（*Darwin's Radio*）。

1-9

勇闖科幻的高峰

所謂「攀登科幻的高峰」，便是指能夠提出最出色的硬科幻和軟科幻意念，並且能夠以高度的文學技巧，運用到小說創作中去，從而寫出在讀者心中留下不可磨滅印象的不朽名著……

假如你是一個科幻愛好者，特別是一個曾經從事科幻創作、或正打算從事科幻創作的科幻愛好者，你是否曾經慨歎，覺得精彩的科幻意念（也就是科幻創作中的「點子」），都已經被別人發揮殆盡呢？

若以攀山作比喻，也就是所有巍峨的險峰都已經給人攀登了。我們所能夠做的，就只是重拾別人的足跡，或是去攀登一些較矮的，因此也不會帶來甚麼榮耀的山頭。作為一個「發燒」超過四十年的「科幻高燒友」，亦曾經進行過科幻創作的「科幻迷作家」（所謂 fan writer 是也），筆者對此實有切膚的感受。

然而，經過了多年的思索，我認為我們實在毋須悲觀。相反，我要告訴所有有志從事科幻創作的朋友——科幻世界中還有不少巍峨的高峰，靜待著我們去發現和攀登！

‧創作起步點：軟、硬兩種科幻意念之探求

　　讓我們從最基礎的意念出發。所謂「科幻的高峰」，是指精彩而嶄新的「科幻意念」。你也許會問，這些科幻意念與一般文學創作的意念有甚麼不同呢？要回答這個問題，我們不得不對科幻小說的本質作一粗略的了解。為了不讓本文變成一篇探討「何謂『科幻小說』？」的學術論文，我在此將採取一個簡單化的切入點，那便是把科幻小說分為「硬科幻」和「軟科幻」這兩大類型。

　　一般的解釋，會指出所謂「硬科幻」，是注重科學硬體，亦即「機關道具布景」的科幻小說；而所謂「軟科幻」，是注重心理和社會意識的科幻小說。筆者不能說這兩套解釋有甚麼錯誤，但就我目前的意圖，我會把二者重新作出以下的表述：

- **硬科幻：**以新知識、新理論和新科技為主題的創作；

- **軟科幻：**以新知識、新理論和新科技所引發起的人類反應（心理上、社會卜、政治上、文化上、倫理上、宗教上的各種反應）為主題的創作。

　　對應於上述兩大類型的科幻，我們遂得出兩種不同的「科幻意念」：

- **硬科幻意念：**透過小說的形式，構思出一些前所未有的（更確切的說法是「前所未虛構」的）新知識、新理論、新科技；

軟科幻意念：透過小說的形式，引申和探討一些前所未引申和前所未探討的人類反應。（指對一些新知識、新理論和新科技的反應。）

而所謂「攀登科幻的高峰」，便是指能夠提出最出色的硬科幻和軟科幻意念，並且能夠以高度的文學技巧，運用到小說創作中去，從而寫出在讀者心中留下不可磨滅印象的不朽名著。

筆者在此要指出兩點。首先，上述所提出的，其實是一個十分高的要求。西方的科幻雖已有超過一百年的歷史，其質與量之高可說執世界的牛耳，但大部分廣為流傳的作品，其實亦未攀至上述的高峰。它們所到之處，只能算是次一級的山峰。當然，能夠攀上「次高峰」也不是容易的事情。大量的劣質科幻，都只是在群峰下的平原（或至多在山腳附近）徘徊罷了。

其次，上述的分析可能導致一個印象，就是所述的「軟、硬」兩種科幻意念，已經涵蓋了所有類型的科幻意念。但事實是，不少科幻小說中的意念——特別是大量處於「次高峰」的意念——並不容易被歸納到這兩種意念的其中一種。可以這麼說，我們提出這兩種意念及其內涵的價值，不在於其涵蓋性的意義，而是在於其戰略上的指導意義。

·進一步發揮：想像更多「虛構的新知識」

對於這些理論性的分析，讀者們可能已經覺得不耐煩了。就讓我們以一些具體的例子，看看科幻的高峰上飄揚著怎麼樣的旗幟。

就透過小說提出一種「虛構的新知識」而言，著名的例子包

括：儒勒·凡爾納（Jules Verne）在《地心探險記》（*Journey to the Center of the Earth*）中設想地球是中空的而且別有洞天；亞瑟·柯南·道爾（Arthur Conan Doyle）在《失落的世界》（*The Lost World*）中設想在地球某處還存在著滿布恐龍的史前世界；威爾斯（H. G. Wells）在《最先抵達月球的人》（*The First Men in the Moon*）中假設有反重力物質的存在；而在《宇宙戰爭》（*War of the Worlds*）中則假設火星上有一垂死的高等文明，為了求存而大舉侵略地球等等。

如果你是一個「科學發燒友」，以下一些「虛構的新知識」可能會令你興奮不已：

· 南極的冰層下埋藏著一艘遠古時曾經探訪地球的太空船；

· 在地球繞日軌道的另一面，原來還有一顆行星，只是它一直被太陽所遮蔽，沒有被我們發現罷了；

· 在木星的衛星歐羅巴（Europa）的冰封海洋裡，存在著一個光怪陸離的另類生物世界；

· 太空深處存在著一些由反物質（anti-matter）所組成的星球，我們若不慎與它們接觸，物質與反物質的「湮滅作用」將會令兩者灰飛煙滅；

· 元素周期表中的穩定元素，其原子序（質子的數目）都在一百以下。但宇宙中原來存在著一些極罕有的「超級元素」，其原子序達數百甚至一千以上，卻是相對穩定，而且具有異常的物理和化學特性；

· 科學家已知宇宙間只有四種基本力：強核力、弱核力、

電磁力和重力。原來宇宙間還有第五種基本作用力。而對這種力的駕馭,將導致一系列「超能科技」的誕生……

· 宇宙間其實充斥著眾多高等智慧族類。我們之所以從來察覺不到他們的存在,是因為他們以一個好像超級玻璃球的力場把整個太陽系包裹起來,一切會洩露他們存在的訊息都被力場過濾,目的是不想影響人類這個「原始族類」的成長;

· 人類的 DNA 中隱藏著外星人刻意遺留下來的一個重大訊息。

上述的例子還可不斷地加長。正如牛頓所言:**「人類受想像力的限制,遠多於他受物理定律的束縛。」**對於科幻創作而言,這句說話真是再貼切也沒有。

然而,如果閣下並非一名「科學發燒友」,可能會覺得上述的「虛構知識」過於技術性。你們可能傾向於提出一些假設性的問題,例如:

· 人類可以返老還童嗎?

· 人類可以長生不老嗎?

· 人類可以不用睡覺嗎?

· 人類的記憶力甚至智力可以被大幅提升嗎?

· 動物(如黑猩猩)的智力可以被大幅提升嗎?

· 電腦可以有感情嗎?

- 人腦和電腦可以結合嗎？

- 電腦會反過來統治人腦嗎？

- 全球暖化是否會帶來世界末日？

- 能源危機會導致世界大戰嗎？

- 外星人存在嗎？

- 外星人是否會擁有兩種以上的性別？

- 外星人是否也會信奉上帝？

- 人類是否會透過遺傳工程對自己進行大幅改造呢？

- 地球上的國家最終會合併成一個「超級地球國」嗎？

試想想，對上述問題的任何答案，其實已是一項又一項的「虛構知識」。天文學家愛丁頓（Arthur Eddington）曾經說過：「**在科學探求中，提出問題比尋求答案更為重要。**」的確，如果我們連問題也不懂得提出，又哪會懂得去尋求問題的答案呢？科學探求如是，科幻創作何嘗不是一樣？回顧上述的一系列問題，相信大家都會同意，懂得如此發問，在攀登科幻群峰的道路上，已是跨出了成功的一大步。

・更高層次的推進：從虛擬的理論到科學的洞悉

有關上述「虛構的新知識」當中提到的「第五種基本力」這個例子，其實已經把我們帶到山峰上的另一面旗幟——虛擬的新科學理論。在眾多旗幟中，以這一面最「高不可攀」。而即使在優秀的西方科幻作品中，攀登這高峰的嘗試亦寥寥可數。就以假設

有第五種基本力為例，作出這一虛構的「新知識」還算容易（假設你有一點兒物理的常識），但要「修正」如今的物理學理論，令這第五基本力在「新」的理論架構中有其恰當的地位，卻是一項難度極高的挑戰。

簡單的邏輯是──如果我能夠建構出一套理據充分、頭頭是道和完全能夠自圓其說的「虛擬科學理論」，那末我的旗幟插在的，可能已不再是科幻的高峰，而是科學發現的高峰！因為這套虛擬的理論，已不再是科幻創作的一項偉大成就，而可能是科學洞悉上的一項偉大成就！

試想想，如果在本世紀初，有一個科幻作家根據已有的證據，在他的小說中提出了地殼運動的板塊構造學說，那末這個學說的始創人便會是這個作家，而不是魏格納（Alfred Wegener）和往後的地質學家。同理，如果在一九八〇年代以前，一個科幻作家旁徵博引，假設恐龍滅絕乃由隕石撞地球所引起，而一顆類似的隕石正於今天朝地球飛來云云，那麼，這個「隕石撞擊說」的始創人便會是這個作家，而不是阿爾瓦茲父子（Luis and Walter Alvarez）。

在此必須指出，幸運的臆想當然無法代替嚴謹的科學探求。虛構的理論即使幸運地「中靶」，還需大量的科學工作才能把理論完整地築構起來。

在科幻史上，虛擬理論的最輝煌的例子，莫過於阿西莫夫（Issac Asimov）在其《銀河帝國三部曲》（*The Galactic Empire Trilogy*）中提出的「心理史學」（psychohistory）。他把統計力學的概念用於人類社會，提出個人或較小集體的行為雖然無法預

測，但當人類的數目大到如一所房間內的空間分子的數目之時，人類的集體行為將服膺於一些宏觀的統計性規律。而只要掌握了這些規律，我們便可以預測歷史的進程。

阿西莫夫的神來之筆更在於，他指出牛頓為了研究物體的運動規律而建立了一套全新的數學——微積分。而心理史學的創立人薛爾頓（Hari Seldon），亦同樣為了研究人類歷史的規律，而獨力發展出一套全新的數學分析方法。他當然沒有描述這套方法的具體內容（否則他已不是在寫小說而是在進行數學研究），但單就提出了個意念，已夠令硬科幻迷（包括首讀時仍在中學階段的筆者）看得如癡如醉。〔由此可以看出，硬科幻迷追求的不一定是「機關道具」的超級科技，更重要的是「知性上的激發」（intellectual stimulation）是也。〕

在眾多的科幻題材之中，建築虛擬理論的迫切性，無疑以星際航行居於榜首。這是因為，按照愛因斯坦的相對論，任何物體都不能超越光速。要知恆星之間的距離平均達數十至數百光年，而銀河系的直徑更是超過十萬光年。如果所有太空船皆只能以低於光速的速度飛行，則甚麼是星球大戰或銀河帝國等的描述，皆會成為大話西遊。有見及此，大部分的科幻作家，都會在其作品中假設「超光速飛行」的可能性。

然而，這一假設違反了相對論。也就是說，作者必須假設相對論被推翻了，或至少被超越了——就像牛頓力學被愛因斯坦的相對論超越了一樣。然而，這套「後相對論」的超級科學理論究竟是怎樣的一回事？在過去近一個世紀的科幻創作中，不少作家曾經作出種種的描述，而這亦是硬科幻迷對這類型科幻最感興趣

的地方。但就筆者所見，大部分的這些描述都是含糊其詞甚至馬虎了事。對於有志「攀山」的人來說，這顯然是山峰上還可以「插旗」的地方。

另一項建構虛擬理論的挑戰，是如何化解「時間旅行」科幻中的邏輯悖論。賓福（Gregory Benford）的長篇小說《時域》（*Timescape*），可說是這方面的一趟出色嘗試，大家不妨找來一讀。

·闖進前所未見的新境地：新科技和新發明

相對於「新知識」和「新理論」來說，「新科技」可說是難度最低的一項挑戰。也正因如此，在硬科幻的創作中，亦以新科技為題材的作品數量最多。不要以為新科技必定指超級電腦、超級太空船和超級武器等硬技術，其實它還包括好像基因工程學、複製人、回春技術、長生不老、記憶移植、行為控制、智力增強、人機結合等一系列生物性技術。此外，還包括人工控制天氣、嶄新材料、嶄新能源、行星表面改造等技術，以及例如隱形術、縮形術和時間旅行等臆想性較強（即較為脫離現有科學知識）的各種構思。

看！這是一個多麼豐富的創作寶藏啊！可惜的是，由於嚴重缺乏想像力，不少人是「入寶山而空手回」（或只是拾得石頭而回）。

雖然我說過，構思新科技的難度較諸構思新知識和新理論的難度為低，但其間亦大有層次高低之分。例如我們假設將來每人都有一部飛行的汽車、每家每戶都有一個機械人做家務、家中的

電視屏幕有整道牆那麼大、一般太空船有十多個足球場那麼長等，凡此種種，都是缺乏新意和洞見的低層次「新科技」構思。

相反，早於一個世紀前的一九〇一年，威爾斯（H.G. Wells）便在中篇小說 *The New Accelerator* 之中，假設發明了一種新的藥物，它可以大大提高人的新陳代謝速率，從而使他成為了一個來去如風、神出鬼沒的影子；在這個「閃電俠」的觀點看來，其他人都好像進入了電影中慢鏡的境況。看！這是一個多麼新穎、獨特和精彩的科幻構思啊！（姑勿論從嚴謹的科學角度，他的假設是否站得住腳。）

再舉一個例子，同樣以人工智能為基本素材，簡單地描述一個機械傭人或機械保母，只是甚低檔次的「新科技構思」。但假設我們描述一個電腦天才，把死去的妻子的一切資料輸入電腦，然後以超級先進的電腦程式，製造出一個虛擬的人物 —— 他的愛妻，並每天透過電腦螢幕上的模擬影像（或是更擬真的全息立體影像），與愛妻進行「交談」。這樣的一個新科技意念，不是更為獨到和感人嗎？〔筆者廿多年前便提出這個意念，到了二〇一七年，終於看到它在科幻電影《銀翼殺手 2049》（*Blade Runner 2049*）中被採用。〕

・勿忘起步原點與本質核心的反思：為甚麼要有科幻創作？

方才的這個例子，實已把我們帶到科幻意念的第二類型：「軟科幻意念」，亦即探討人類對各種新知識、新理論（即新觀念，如生物進化觀念），以及新科技的各種可能反應的小說構思。

好消息是，在軟科幻意念的領域中，山峰上還有不少可以插旗的地方。壞消息是，要真正在其上插上一支旗，也絕不是容易的一件事情（背後的邏輯當然是，正因為不容易，才仍有空餘的地方）。

要攀上硬科幻的高峰，少不免需要一點天才的靈感。然而，要攀上軟科幻的高峰，除了豐富的想像力外，更需要的是對心理學、社會學、經濟學、政治學以及普遍的人性有深入的認識，以及具有踏實苦幹的毅力。

讓我舉幾個簡單的例子。長生不老是人類自古以來的夢想，但假如科學家明天便發明一種長生不老藥，你道會對人類社會以及人類的未來帶來怎樣的影響？長生不老藥這個意念絕不新鮮，硬科幻的山峰上早便插著這面旗幟，可是在軟科幻的高峰上，就筆者所知，有關的旗幟還未出現。為甚麼？因為要滿有說服力地回答上文的那一條問題，作者的功力必須非常深厚，對人性、社會、經濟、文化、倫理，及至國際關係都具有透切的瞭解與洞悉。不少作者於是走捷徑，跑到高峰附近較矮的山頭，亦即只是抓著某個角度來發揮一下，而避免正面和全面地回應有關的問題。

上世紀七十年代其間，美國便攝製了一套名叫 *The Immortal* 的連續電視劇集，在香港播放時稱為《百歲人魔》。劇集的內容，是主人翁在陰差陽錯的情況下變成長生不老。而要變得與他一樣，唯一的方法是把他的血液換到自己體內，而且還要定期地更新。也就是說，必須把我們的主角抓起來充當一副供血的機器。

在故事中，一名富可敵國但垂垂老矣的億萬富翁得悉這個秘密，不用說，他千方百計不擇手段地要把主角擒拿，而主角則只

有亡命天涯不斷逃避富翁手下的追捕。如是者一個星期復一個星期，每集的內容都是講述惡勢力如何窮追不捨，而主人翁（當然還有幫助他的眾多女角）則如何跟他們鬥智鬥力，以逃出他們的魔爪。

請大家看看，這算是甚麼科幻劇集！要真正在「軟科幻」的高峰上插旗，而不只是在山麓的泥沼中打滾，我們必須宏觀而又深刻地考察長生不老對人類可能帶來的種種影響。這些影響包括：

如果只是一個人長生不老，那末他（當然也可以是她）將會眼見身邊每一個親愛的人——配偶、子女、孫兒、最要好的朋友等——逐一的衰老和死去。我們常說人世間最傷痛的是「白頭人送黑頭人」，但對於這個「幸運兒」，這將成為他生命中的常規而不是例外，你道這會是怎樣的人生呢？（最先描繪這種境況的是奇幻電影——而不是科幻——《挑戰者》（*Highlander*, 1986），但這只是輕輕帶過。）

還有一個我們可能沒有考慮的問題，那便是如果這個長生不死的人與一個相隔十數世代的後人談戀愛和結婚，哪算不算亂倫呢？

如果只有一小撮人擁有長生不老的異能，則其他人對這一批「老而不死」的怪物會有甚麼觀感？羨慕？嫉忌？猜疑？恐懼？抗拒？憎恨？人性之為物，恐怕上述的情緒全部都會湧現，而最後更會出現排斥、迫害，甚至追殺的行徑。

而如果所有人都可以長生不老，那末又會出現怎樣的情況呢？如果整個社會的死亡率是零（或是十分接近零，因人們還是

會死於意外），則假設所有資源已被充分地利用，若要維持生態的平衡與穩定，那末出生率也必須是零或十分接近零。結果是，這將是一個終極的「老齡化」社會。其間我們將再看不到兒童的歡笑和少年的朝氣。這真是我們心目中的烏托邦嗎？

即使在今天，隨著人類平均壽命的延長，年青人獲得晉升與肩負重任的機會已經愈來愈困難。試想想，如果所有踞著高位的人都長生不老而不用退休，那末年青人還有甚麼機會呢？當然，假設整體人口已達至不再衰老的固定年齡（例如四十歲），則已沒有不斷冒現的、滿心鴻圖大志的小伙子，屆時的問題將會變成——在上的人永遠在上，在下的人永遠在下，社會上的矛盾將會較歷史上任何時期都尖銳！

我們常常勉勵年青人「惜取少年時」，可是對於一班眼前是「永恆」的長生者，《明日歌》中的「明日復明日，明日何其多」將會成為一項客觀的描述而非勸勉性的告誡。結果是，長生者做任何事也不會有迫切感。今天不做，明天還可以做；明天不做，後天還可以做。甚麼「爭分奪秒」和「只爭朝夕」的魄力和衝勁都會消磨怠盡，大部分人都可能因此一事無成。

另一點大家可能沒有充分考慮的，是對於可以長生不死的人，因意外而死亡將會成為他們最大的恐懼。也就是說，他們會養成異常謹慎甚至保守的心態，而不願作出任何冒險的行徑或嘗試新鮮的事物。誠然，貪生和怕死是人的天性，但假若「人生自古誰無死」，則總會有滿腔熱血的人肯「留取丹心照汗青」。如果可以不死，這種高尚的情操是否也會逐漸消失？

長壽可以帶來智慧，但也可帶來思想上的僵化。如果這一長壽是以數百甚至數千年計，則後一種情況出現的機會，肯定會遠遠超越前者。文明的進步，往往有賴新的心靈以全新的眼光去看待現存的事物。而藝術的創造，則更有賴新的心靈所帶來的奇思妙想。試想想，即使偉大如貝多芬，我們也難以想像他能夠（假如他沒有死）創作出這二百年來眾多風格迴異的精彩作品（如德彪西、馬勒或蕭斯塔科維契的作品）。結論是，一個由不死的人組成的社會，將會很快成為一個停滯不前的社會。

　　此外，所謂「海枯可爛」的愛情將會受到嚴峻的考驗。一對夫妻真的能夠長相廝守二百年嗎？即或男、女間的關係會出現根本性的變化？

　　讓我們回到一個最低的層次。我們要問的是：長生不死的人可不可以選擇退休？如果大部分的人最終都選擇退休，那無了期的退休保障將會由誰來承擔？

　　各位請看看，單是「長生不老」這個科幻意念，背後便包含著如何豐富的創作素材啊！如果我們創作一本以此為題的科幻小說，卻半點也沒有觸及上述的問題（可能還有一些問題未被我們發掘呢！），你說這是不是「罪過」呢？

　　讓我重申，探討長生不老如何可能是硬科幻的使命，而探討長生不死所會帶來的種種影響，則是軟科幻的使命。硬科幻的創作固然要求我們有高超的想像力，而優秀的軟科幻創作所要求的，除了豐富的想像力外，還有邏輯引申的能力、對人性的洞悉和對人類社會的深刻了解。要求固然很高，但你獲得的回報，是科幻高峰上飄揚著你的名字的一面旗幟！

・走向未知世界的種種：以科幻探索未來

可以插旗的另一個高峰，說出來可能會令大家感到驚訝，因為那是差不多可以說「老掉牙」的「第二類」和「第三類接觸」。（前者指接收到外星人的訊號，後者指與外星人實際接觸。）

有關外星人的科幻小說，真的可說汗牛充棟數不勝數。但真正令人驚訝的，是迄今為止，竟然沒有一部作品能以現實的手法全面和深入地探討人類與外星人首次接觸所可能帶來的種種巨大和深遠的影響——個人心理上的、集體心理上的、社會上的、文化上的、倫理上的、宗教上的、政治上的、軍事上的、國際關係上種種影響。簡單地說，這又是軟科幻高峰上一個相對空白的地方。〔之所以說相對，是因為眾多的科幻作家皆曾作出局部的嘗試。較突出的例子包括：詹姆斯・岡恩（James Gunn）的《傾聽者》（*The Listener*）、克蘿伊・澤爾維克及哈里森・布朗（Chloe Zerwick & Harrison Brown）的《仙后座事件》（*The Cassiopeia Affair*）、史圖格斯基兄弟（Strugatsky Brothers）的《路邊野餐》（*Roadside Picnic*）、克拉克（Arthur C. Clarke）的《童年的終結》（*Childhood's End*）、史坦尼斯羅夫・林姆（Stanislaw Lem）的《他主人的聲音》（*His Master's Voice*）等。注意即使如天文學家卡爾・薩根（Carl Sagan）所寫的《接觸未來》（*Contact*），也離峰頂一段頗遠的距離。〕

筆者不打算好像「長生不老」這個題材一樣，在此探討與外星人接觸所會引起的影響。因為對於有志從事這方面創作的朋友，這既是他們必須親力親為的「功課」，卻也是他們創作其間的一項樂趣呢！

近年來，筆者看過「做功課」最勤力的一個例子，是一本令人雀躍的中文科幻小說，由台灣作家伍薰所寫、於二〇一六年發表的《3.5 強迫升級》。小說用了一個並不新鮮的科幻意念：「瞬間轉移」（teleportation），但其中所作的種種引申，其細緻深入的程度，我敢說就是在西方科幻中也未有所見。

▲ 台灣作家伍薰所寫的《3.5 強迫升級》。

我最後要提出的一個例子最具挑戰性。科幻一向以「探索未來」為傲，可是從來沒有一部科幻作品，曾經認真地探討過人類未來的社會制度將會是怎麼模樣。二十世紀的共產主義和資本主義的血腥鬥爭，最後以資本主義全面勝利告終。但不要忘記的是，共產主義的歷史只有一百多年，而即使資本主義，也只是人類歷史上十分近期的產物。難道我們真的相信美國作家、政治經濟學者福山（Francis Fukuyama）所言，隨著資本主義和民主制度的勝利，人類的歷史已經到了終站？若真的如此，軟科幻的創作可以休矣。

有關這一主題，筆者極力推薦大家閱讀由勒岡恩 (Ursula Le Guin) 所寫、於一九七四年發表的《無處容身》(*The Dispossessed*)、阿爾迪斯（Brian Aldiss) 所寫、於一九九九年發表的《白火星》(*White Mars*) 和羅賓遜（Kim Stanley Robinson) 所寫、於一九九二至九六年發表的《火星三部曲》(*The Mars Trilogy*)。此外，大家亦可思考一下，在《星空奇遇》(*Star Trek*) 和《星球大戰》(*Star Wars*) 系列所描繪的未來世界中，人類奉行的是資本主義、社會主義，還是共產主義，以及政治上奉行的是獨裁帝制、君主立憲、憲政民主、聯邦共和，還是無政府主義？

有關硬、軟科幻高峰上仍然空白的地方，其實還有很多很多東西可以分享。但由於篇幅所限，惟有就此打住。我希望我的訊息——不，是我的呼喚——已十分清楚。那就是——科幻的高峰並未被完全征服。有志從事科幻創作的朋友，向高峰進發吧！

【附記】

有關「長生不死」這個題目，筆者大力推薦兩部「奇片」。第一部是二〇〇七年的獨立製作《來自地球的人》(*The Man from Earth*)，其間的情節全在一所小屋的客廳發生，卻自始至終扣人心弦。另一部更有趣，是一九七五年由楊權導演和譚炳文主演的《遊戲人間三百年》，大家可在網上找這部「粵語殘片」一看，便知今天「港產片」的創意還不及當年呢！

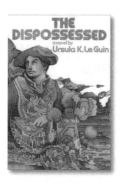

▲ 勒岡恩 (Ursula Le Guin) 的《無處容身》(*The Dispossessed*)
及阿爾迪斯（Brian Aldiss) 的《白火星》(*White Mars*)。

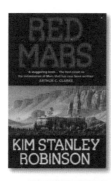

▲ 羅賓遜（Kim Stanley Robinson) 的《火星三部曲》
(*The Mars Trilogy*)。

1=10

科幻拾題

——創作題材腦震盪

> *過去百多年來，科幻作品可說多不勝數，但這並不表示「可以說的東西一早便已被人家說了」，有志從事科幻創作的人可以「收拾東西轉行它業」……*

筆者由上世紀的六十年代發燒科幻至今，所涉獵的科幻題材可謂五花八門。在踏進廿一世紀第二個十年之際，筆者嘗試列出十個與人類未來有關的「大問題」，以引發大家的思考和討論。

科幻創作既然大都以人類的未來為主題，對這十個問題的各種不同回答，很自然可以成為科幻創作的素材或至少是出發點。好了，現在讓我們看看這「拾題／拾問」為何。

第一問：

現代文明會崩潰嗎？而崩潰的原因會是國族間的戰爭（核戰、生化戰、信息戰）？生態環境（特別是由全球暖化所引起的）的崩潰？特大的瘟疫？天體的碰撞？還是外星人的侵略？

第二問：

人類終會有和平共處的一天嗎？一個開明的——而不是專制的——「世界政府」終會出現嗎？孔子理想中的「大同世界」會出現嗎？

第三問：

人類對知識的探求會有窮盡的一天嗎？科技的發展有極限嗎？

第四問：

人類終有一天會戰勝死亡嗎？（指衰老導致的死亡，而不包括意外導致的死亡）即使不可以，他的平均壽命可以被延長到甚麼地步？

第五問：

人類終有一天能造出具有自我意識的機器嗎？（也可以是無意間的結果，例如互聯網甦醒）如果可以，人類和這些機器會出現怎麼樣的關係？

第六問：

人類有可能把一些動物如猩猩和海豚等的智能大幅提升嗎？如果可以，人類和這些高智慧動物間會建立起怎樣的關係？

第七問：

人類會透過遺傳科技以大幅改變自己的生理和心理特性嗎？（例如透過改造以適應海底的生活或其他星球上的環境，或是大幅提升自己的智能和體能？）

第八問：

光速可以被超越嗎？如果可以，人類會發展出怎樣型態的星際文明？如果不可以，人類又會發展出怎麼樣的星際文明？（抑或人類的歷史會因而永遠局限在太陽系之中？）

第九問：

外星文明存在嗎？如果存在，人類遇到發展水平比他低的文明會有甚麼後果？如果遇到發展水平比他高的文明又會有甚麼後果？

第十問：

人作為一個族類會有滅亡的一天嗎？如果有，他的繼承者（如果有的話）會是誰？

筆者要補充的一點是，上述的「拾問」當然未有包括科幻創作中所有重大的意念。其中最主要的遺漏是：「穿梭於過去與未來的時間旅行有可能實現嗎？如果可以，人類的社會將會受到怎樣的影響？」我之所以沒有把它包括在內，是因為我認為時間旅行的可能性十分之低。你當然可以不同意我的看法，而把上述的「拾問」改為「拾壹問」，但我認為在考慮人類的前途之時，這個可能性的影響毋須被放到考慮之列。

另外一個我沒有包括的問題是：「人類可以擺脫他的肉體而作為純粹的心靈存在呢？」對不起，筆者是一個唯物主義者，因此不相信有所謂「純粹心靈」的存在。當然，我不排除人類可以把他的精神轉移到肉身以外的另一個載體，但那總需要另一個載體，因此勉強可被歸納到上述的「第七問」之內。

最後要補充的一點是，過去百多年來，基於上述「拾問」及有關意念而寫成的科幻作品可說多不勝數，但這並不表示「可以說的東西一早便已被人家說了」，有志從事科幻創作的人可以「收拾東西轉行它業」。不錯，上述的「拾問」確曾在西方的科幻界產生不少十分精彩的意念，但這並不表示精彩的意念已被窮盡。相反，某些意念仍然屬於「低度開發」或「開發不足」。正如筆者在上一篇文章〈勇闖科幻的高峰〉之中所說，科幻的群峰上還有很多未有插上旗幟的地方。筆者列出這「拾問／拾題」的目的，是希望能夠幫助大家對群峰的面貌有較為清晰的概覽，從而方便大家選擇「插旗」的地方。

第二部
導讀篇

入迷科幻小說之讀癮
開卷閱讀科幻之推介
優秀意念引發之深思

2-1

我為甚麼愛看科幻小說？

> *人類是天生好奇的動物。事實上，*
> *人之有異於禽獸，主要在於他那無休止*
> *的好奇心和求知欲……*

多年來，有不少人問過我：「你為甚麼這樣喜歡看科幻小說呢？」每次我作出或長或短的回答，事後總覺意猶未盡。就讓我趁此機會再次回答這個問題，向大家呈交一份「一個科幻癮君子的自白書」吧！

・從熱愛科學到沉迷科幻

談到筆者對科幻小說的興趣，實離不開筆者對科學的熱愛；而對科學的熱愛，則源自筆者自幼對星空的嚮往。可以這麼說，筆者由醉心天文而醉心科學，再由醉心科學而醉心科幻。

不過，上述關係在邏輯上雖是一步接著一步，但在現實中卻是互為因果、攜手並進的。筆者對星空的著迷雖然確是發生得最早，但對於作為一門科學的天文學，卻是要到小學六年級才正式「發燒」起來。而在同一年，筆者亦墜進了科幻小說的迷人世界。

第二部
導讀篇

2-1
科我
幻為
小甚
說麼
？愛
看

在此我要衷心感激我的小學同學（也是中學同學）梁頌恩，全賴他於一九六七年某一天帶我到香港大會堂的兒童圖書館，才導致我在天文和科幻這兩方面興趣的「起飛」。

在天文方面，我的啟蒙老師是《中華通俗文庫》中有關天文常識的小書，以及著名的英國業餘天文學家摩爾（Patrick Moore）的著作。（我在小學六年級已開始看英文書。這不是因為我英文程度特別高，而是對天文的熱愛掩蓋了在語文能力上的不足！）

·科幻讀癮由儒勒·凡爾納而起

在科幻方面，使我一生成為「癮君子」的，是有「現代科幻小說之父」之稱的法國著名作家儒勒·凡爾納（Jules Verne）。他的《海底兩萬里》（*Twenty Thousand Leagues Under the Sea*），開啟了我以後數十年的科幻迷生涯。

▲ 法國著名作家儒勒·凡爾納（Jules Verne）的
《海底兩萬里》（*Twenty Thousand Leagues Under the Sea*）。

我當然看不懂這本書的法文原本，而以小學六年級的我，就算抱著多大的熱情，也難以看懂它的英文譯本。我所看的，是由建文出版社出版的中譯本。但有一點仍是值得一提的，就是在那個年頭，我在兒童圖書館找著來看的外國文學名著如法國大文豪雨果（Victor Hugo）的《鐘樓駝俠》（*The Hunchback of Notre Dame*）、英國作家查爾斯·狄更斯 (Charles Dickens) 的《孤星血淚》（*Great Expectations*）、俄國文學家杜斯妥也夫斯基 (Dostoevsky) 的《罪與罰》（*Crime and Punishment*）等，全都是節縮或簡化了的中譯本。但這本《海底兩萬里》，卻是厚達數百頁的全譯本。

對當時只有十二歲的我來說，書中的神秘潛艇「鸚鵡螺號」和性情古怪的尼摩船長，在我的腦海中留下了極其深刻的印象。而其間所描述的深海景象，以及人類如何藉著科學的幫助以探索這個奇妙世界等情節，更使我看得如痴如醉。

不久，《氣球上的五星期》（*Five Weeks in a Balloon*）、《地心探險記》（*Journey to the Center of the Earth*）、《神秘島》（*The Mysterious Island*）、《機器島》（*Propeller Island*）、《格蘭特船長的女兒》（*In Search of the Castaways*）等等在圖書館中找到的所有凡爾納的作品都被我貪婪地一一飽讀。這些作品的吸引之處，很大部分與《魯賓遜漂流記》（*Robinson Crusoe*）、《白鯨記》（*Moby-Dick*）等作品一樣，在於它們那充滿歷奇和冒險的情節。但我亦很早便發現，凡爾納的作品之中，有一種獨特的吸引力是其他作品所沒有的，那便是貫徹於所有故事內容的那份「科學的奇妙」的信息。

▲ 《神秘島》（*The Mysterious Island*）

　　筆者還記得在《神秘島》這本我特別喜愛的小說裡，其中一幕描述主人翁和其他人因海難而漂流到荒島，一班人想生火禦寒，卻苦於沒有生火的工具，其中的一位教授卻是靈機一動，想出了一個只有懂得科學常識的人才會想到的方法。首先，他找來了兩隻袋錶，然後將錶面的拱形玻璃片拆下。接著，他把兩塊玻璃片拱面向外地貼合在一起，然後小心地在中間注滿了清水，結果便製成了一塊臨時起的凸透鏡片。透過這塊鏡片把太陽的熱力聚焦，一班人終於點起了令人歡欣雀躍的火焰。

　　對於作為讀者的我，這情節也點起了我對科學的熱情火焰。當然，上述這個例子只是凡爾納作品中無數同類例子中的一個。在這些作品中，充滿了關於天文學、地理學、生物學、考古學和人類學等科學事實的描述。這些描述，使我充分領略到知識的喜悅和科學的奇妙，這些都是其他小說所沒有的特質。

·神秘科幻作家的揚子江

除了凡爾納外，另一個使我著迷的作家是揚子江。長久以來，揚子江和他的作品對我來說仍是一個謎。我雖然曾經向對於中文科幻發展史素有研究的好友李文健兄（筆名杜漸）查詢，但仍然不得要領。

揚子江（我相信多數是筆名）的書籍都是在香港出版的（因為全部都用繁體字）。出版社已記不清楚了。只記得書籍包括了《第二個太陽》、《水星旅行日記》、《怪星撞地球》、《火星人的報復》、《神秘的小坦克》和《桌球的秘密》等等。這些書都是我在小學六年級至中一時看的。上到高中時，曾一度懷舊往兒童圖書館想找來一看，卻發覺全都不見了。但有趣的是，不久後（約七十年代中期吧）我竟在書店裡找到其中一兩本，但已是另一家出版社（藝美圖書公司）的再版版本，而更令人驚訝的是，作者的名稱竟然改為「李新知」！

究竟揚子江是誰？李新知又是誰？這些優秀的中文科幻作品究竟是創作還是翻譯？書籍的版權如今落在哪些人手裡？這些都是我極想獲得答案的問題。

我方才問不知作品是創作或翻譯，是因為我一直懷疑它們有可能是蘇聯科幻的中譯。這一懷疑有兩項根據。首先是這些作品的質素十分高，較諸我後來所看過的國內作品有過之而無不及。（這是我個人的觀感，請國內的作家不要介意。）這兒指的並非文筆的高下，而是指想像力的豐富、大膽以及科幻意念與故事情節的緊密結合而言。這其中當然有可能是我的要求隨著年齡的增長而漸高，以致評審的標準並不一致。但毋庸諱言，由於國內的科

▲ 神秘科幻作家揚子江其中
一本作品《怪星撞地球》。

▲ 筆者遍尋不獲的《天狼A-001
號之謎》，後來有朋友在美國哈
佛大學的圖書館借到了。

幻創作有一段很長的時間只被看成是兒童文學的一種，因此不少
所謂科幻小說，都只是披上薄薄故事外衣的科普或科學臆測的文
章，與外國成熟的科幻小說仍差了一大截距離。我記得，在八十
年代伊始（還是一九七九年？），隨著改革開放的步伐，科幻創作
在國內再次蓬勃起來。當時出了一本名叫《科學神話》的創作集，
我興高采烈地第一時間買來翻讀，卻失望地發現，書中大部分作
品，其水準仍沒有我十多年前所看的揚子江作品那麼高！

另一個使我懷疑揚子江的作品是翻譯的埋由，是在一本名叫
《天狼A-001號之謎》的作品之中，作者在序言中明確地宣稱：「這
是由中國人所撰寫的第一本長篇科幻小說。」誠然，方才所舉的
其他揚子江作品大都是短篇或中篇的集子。但如沒有記錯，《怪
星撞地球》應算是一個長篇故事。尤有甚者，《天狼》一書中的文
筆和故事的格局，確與其他的故事有所不同。由此推斷，其他的
書籍確有可能是翻譯的作品。

· **Walter Hughes** 的太空探險少年科幻作品

　　沒多久，揚子江的作品都被我看完了。由於再也找不著甚麼像樣的中文科幻，我被迫跑到圖書館的另一角——擺放英文小說的那部分——翻看起來。令人興奮的是，我不久便找到一系列頗為符合我的英文程度而又引人入勝的科幻小說——由 Walter Hughes 所寫的以太空探險為主的少年科幻作品。它們包括了 *Operation Columbus*、*Moon Base One*、*Terror by Satellite*、*Mission to Mercury*、*Expedition Venus*、*Spaceship to Saturn* 等共十多本作品。

　　這個系列有兩大特色。第一個是它們的主人公都是一班十多歲的少年男女，而他們都懷有一股勇於探索未知的熱誠。至於第二個特點，是它們都以探索太陽系的各個天體為故事的主題。

　　只是探索太陽系？即使是揚子江的作品，已描述人類如何探索遙遠的天狼星。而當時剛在香港電視上映的美國科幻劇集《星空奇遇》（*Star Trek*），更描述太空船「冒險號」如何馳騁於浩瀚的星際空間，並在不同的星球上遇上各種稀奇古怪的生物。Walter Hughes 的作品只是描述人類如何探索太陽系，不是太過落伍和缺乏想像力了嗎？

　　筆者當時雖然年幼，但最初亦有這種想法。不過，在細讀之下，發覺這一系列的作品自也有它的魅力。這份魅力來自作品中那種認真、細緻和實事求是的寫作風格。這種風格大大地加強了故事的逼真性和可信性，因此也加強了作品的吸引力。

▲ Walter Hughes 其中四本以太空探險為主的少年科幻作品。

　　在這一啟發之下，筆者隱約地摸索出一點有關科幻創作的規律。那便是：描述遙遠未來的科幻，應以題材和意念的宏大和新奇取勝；至於描述不久將來的科幻，則應以描寫的細緻和逼真取勝。當然，理想的科幻最好是奇詭與逼真兼備，但那畢竟是太過苛求了。

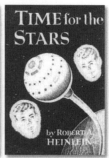

▲ 科幻大師海萊因（Robert A. Heinlein）所寫的一系列優秀的少年科幻。

·迷上海萊因的少年科幻系列

回到我的科幻歷程之上。我最初接觸當代西方科幻界真正屬於「大師級」的作品，奇怪地也是在兒童圖書館裡開始的。當然，這並非甚麼高深的作品，而是科幻大師海萊因（Robert A. Heinlein）所寫的一系列優秀的少年科幻。其中包括了《太空學員》（*Space Cadet*）、《紅色行星》（*Red Planet*）和《行星之間》（*Between Planets*）等。我最先借閱的是《探星時代》（*Time for the Stars*）。其中談到星際探險因人類科技的進步而可能導致「後發先至」的境況，直令我有茅塞頓開之感。

但坦白說，這些作品雖然號稱「少年科幻」，但以我當時的英文閱讀能力來說，實在感到有點吃不消。因此我對這位科幻大師佩服得五體投地，還是日後我在成人圖書館看了他的成人科幻之後的事。

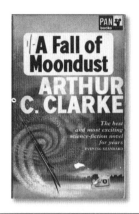

▲ 克拉克（Arthur C. Clarke）
的中期作品《月球歷險記》（A
Fall of Moondust）。

▲ 阿西莫夫（Issac Asimov）
的《蒼穹一粟》（Pebble in
the Sky）。

‧拜讀兩位科幻大師：克拉克及阿西莫夫

　　談到成人圖書館，我在中二那年便開始跑往那兒（只是在兒童圖書館的樓上）東翻西看。在那兒，我開始接觸到另外兩位科幻巨擘的作品。最先接觸的，是由台灣商務印書館出版的一本外國科幻中譯本《月球歷險記》。這個名字看來十分俗套。但把小說細讀之後，卻發覺乖乖不得了！這是何等出色何等精彩的科幻作品啊！你道此書的作者是誰？原來不是別人，正是有「太空先知」之稱的科幻大師克拉克（Arthur C. Clarke）。而小說則是他的中期作品之一：A Fall of Moondust。

　　至於第二個科幻巨擘的作品，我看的已不是譯本而是英文原本。這也是我所看的第一本西方成人科幻的原本。小說的名字是Pebble in the Sky，怎樣？可有印象嗎？熟悉科幻的朋友當然知道，這正是科幻界的泰山北斗阿西莫夫（Issac Asimov）的第一本長篇科幻小說《蒼穹一粟》呢！

往後的幾年可以說是我一生中最快樂的時光。因為我一本接著一本地遍讀了圖書館裡所有的克拉克和阿西莫夫的作品。這些作品為我帶來的興奮和喜悅，實非筆墨能夠形容。如果要記述我如何被克拉克的《童年的終結》（*Childhood's End*）感動得掉淚〔本書 2-3 及 2-6 對此有更多的討論〕，如何為了追看《城市與星辰》（*The City and the Stars*）而廢寢忘餐〔有關這故事的賞析，請參閱本書 2-3 的內容〕；又如何在阿西莫夫的《銀河帝國三部曲》（*The Foundation Trilogy*）的吸引底下，首次一邊上課一邊偷看小說，如何興奮得把我剛讀到的「機械人學三大定律」抄到我的日記簿上……我相信就是再多一倍本文的篇幅也寫不完呢！

各位讀者可能已經看出，上述大部分的作品，都與太空探險的主題有關。這當然跟我對天文的熱愛有密切的關係。事實上，每當我在望遠鏡中觀測神秘而深邃的星空時，我都會想像我

▲ 阿西莫夫的《銀河帝國三部曲》（*The Foundation Trilogy*）。

正在駕駛著星際探險船，朝著這些遙遠的星辰進發。我會興奮地想：如果我能夠在七姊妹星團、在 M42 獵戶座大星雲、在武仙座 M13 球狀星團，又或者在銀河系深處等地進行實地的科學考察，那將會是何等壯觀、何等懾人的景象啊！誰又知道在別的太陽照耀下，會有怎樣的生命、智慧，甚至文明在孕育和茁長呢？

至此，各位應該明白，我為甚麼說我對科幻的興趣，離不開我對科學——特別是天文學——的熱愛。我自己就有如此的看法——不懂天文而看科幻小說，就等於不懂中國歷史而看金庸的武俠小說，趣味肯定會大打折扣呢！

‧愛上科幻的理由

人類是天生好奇的動物。事實上，人之有異於禽獸，主要在於他那無休止的好奇心和求知欲。台灣天文學家沈君山便說過：**「人之有異於禽獸者，並不在於他對衣食住行的力求精美，而在於他敢於在思想上作種種冒險的探索和追求，以求更深入了解宇宙和生命的奧秘。」**另外一位學者則更精要地說道：**「人類就是這樣的一種動物：最初，他為生存而學習。後來，卻為了學習而生存。」**為學習而生存，正是為了滿足他的求知欲，為了享受「知的喜悅」。這種特質，是所有科學探求的原動力，也是筆者之所以醉心科學的原因。

另一方面，人類也是一種喜愛想像的動物。從石器時代的洞穴壁畫已可以看出，人類不單生活在一個現實的世界，也生活在一個想像的世界。想像力幫助他預見事物未來發展各種可能性，也帶來了各種燦爛的藝術創造。而在各種藝術創造之中，最古老的莫過於說故事的藝術。

在朦朧邈遠的洪荒時代，每當紅日西沉、篝火高燒之際，我們的祖先在狩獵歸來後，最大的一項娛樂，便是圍著跳躍的火焰，互相訴說和編織不同的故事。這些故事，不少可能是他們日間四出狩獵時的經歷，但更可能是通過想像力加工而虛構出來的歷險、奇遇甚至神話。

直到今天，每個小孩仍然喜愛聽故事，特別是充滿奇異情節的故事。筆者之所以成為一個小說迷（除科幻外，我最喜歡的是偵探小說和武俠小說），歸根究底便是因為喜歡聽故事。簡單地說，我醉心於科幻小說的主要原因，是為了追求「知性上的激發」（intellectual stimulation）和一種「稀奇驚歎之情」（a sense of wonder）。

因為喜歡尋根究底，所以成為科學迷；因為喜歡聽故事，所以成為小說迷；因為喜歡尋根究底和聽故事，所以便成為了科幻小說迷。世界上還有比這更簡單的一回事嗎？

【附記：神秘作家的身分揭曉】

上文乃寫於一九九〇年。九六年初，我在《東周刊》的「宇宙波瀾」專欄開展了一個題為《我的科幻之旅》的專輯。在這專輯中，我在《我的科幻啟蒙老師》一文中，準備再次書寫上面提到的「揚子江身分之謎」。

然而世事的巧合，往往匪夷所思。就在我剛要執筆撰寫那篇文章時，卻收到了一封署名「楊安定」的來信。一讀之下，令我既驚訝又興奮。驚訝是因為世事竟會這麼湊巧，興

奮是因為困擾我多年的謎團終於真相大白！

不用說，你也會猜到，楊安定就是揚子江—不對，應該是楊子江才是。原來我多年來都記錯了，想當然地以為必定是揚子江（長江）的揚，殊不知是姓楊的楊。

楊安定先生在當時（一九九六年一月初）給我來信完全是巧合，因為《我的科幻之旅》專輯其時仍未刊登。按照楊先生說：「數年來，我一直想寫信給你」，卻一直「遲疑不決……後來，我從你的兩部作品中看到你引用羅蒙諾索夫的詩，有了共鳴……於是，我著手查探你的地址」，最後，「靠著《東周刊》的幫助，我的信才能……展露在你的眼前。」

原來楊先生乃透過拙作得悉我這個無名小輩。他提及的詩句，確曾被我引用於《星戰迷宮》和《夜空的呼喚》兩書中，他有所不知的是，這些詩句正是廿多年前我從他的作品《天狼 A-001 號之謎》抄錄到我的記事簿上的呢！

在我回信告知楊先生這段淵緣之後，不用說，他也十分興奮。為了這篇「楊子江身分揭秘」，他提供了以下的寶貴資料：

「我在少年時代（三十年代末四十年代初）便喜歡閱讀科幻和科普著作……五十年代末，我寫的第一部科幻小說《天狼 A-001 號之謎》獲香港藝美圖書公司接納出版。隨後不久，我獲該公司聘用為編輯。在此其間，我編選了大量科幻、科普書籍，包括科幻小說、科幻故事、科學童話（以「楊子江」為筆名），以及以青少年為對象的科普作品（以「楊學理」為筆名）。此外，還替該公司的《科學時代》和《知識》兩份刊物撰述科幻小說、科幻論著及科普文章。

「《天狼》一書的著作，是我閱讀了克拉克與俄羅斯星際航行理論之父齊奧爾科夫斯基等人的著作後的產品。在構思此書時，我身在大陸，思想左傾。完成初稿後，我攜稿返回出生地香港，經詳細修改後，獲藝美接納，於一九六〇年出版，初版只二千冊。

「《水星旅行日記》等科幻小說集的內容全是譯自外國（包括蘇聯、美國）科幻作家的著作，並非我自己的著作，所以是楊子江『編』不是『著』。

「在這期間，藝美儼然成為推廣科幻和科普的一個中心。在當時的香港，這是值得注意和重視的。

「我在藝美工作了一個時期後，因故辭職。若干年後，我在書店偶然發現，我以楊學理為筆名編選的一些科普書籍，已改用另一筆名。我當時已想像到，我用楊子江為筆名而編選的書籍，亦可能被改用其他筆名。到最近，從你的信中，我才知道被改為李新知……」

至此，「案情」終於大白了！我在回信中這麼說：「在香港搞科普和科幻的人實在太少了，而您在五十年代末已在這方面默默耕耘，實教我們這些後輩衷心敬佩。」

更為使我敬佩的，是楊先生以下的這段話：「我對此事（指筆名被改）不想計較，是因為我澹泊於名利，認為筆名是張三還是李四並不重要，重要的是所編的書是否獲讀者歡迎，對讀者有好的影響。如受到歡迎，有好的影響，個人編書的目的（推廣科幻，促進科普）便達到了。」

2-2

經典作品
《2001 太空漫遊》賞析

　　若要推選二十世紀最有名的科幻小說，《2001 太空漫遊》必屬其中之一。不少從來不看科幻小說的人，都知道有這本小說。不少從來不看科幻電影的人，都聽說過根據這本小說拍攝的同名電影。而更重要的是，不少一向鄙視科幻小說和科幻電影的人，在談起《2001 太空漫遊》之時，都不期然改變態度而流露出一點兒敬意。是甚麼令到這部小說（及電影）具有這樣的「江湖地位」呢？……

　　「每一個生活在今天的人，背後都有三十隻鬼魂。因為這正是死去的人與在世的人的比例。自洪荒時期，大約有一千億人在地球這顆行星上留下了他們的足跡。

這是一個十分有趣的數字，因為無獨有偶，在我們所處的銀河系中，大約有一千億顆恆星。也就是說，在地球上出現過的每一個人背後，都有一顆璀璨的星辰在太空中照耀……」

三十年前，一個正在唸中四的小伙子，一下子便被上述的開場白深深吸引。不錯，這個小伙子正是我。而這段開場白，正是科幻大師克拉克（Arthur C. Clarke）在名著《2001 太空漫遊》（*2001: A Space Odyssey*）（下簡稱《2001》）中所寫的序言。

若要推選二十世紀最有名的科幻小說，《2001》必屬其中之一。不少從來不看科幻小說的人，都知道有《2001》這本小說。不少從來不看科幻電影的人，都聽說過根據這本小說拍攝的同名電影。而更重要的是，不少一向鄙視科幻小說和科幻電影的人，在談起《2001》之時，都不期然改變態度而流露出一點兒敬意。是甚麼令到這部小說（及電影）具有這樣的「江湖地位」呢？

▲ 電影《2001 太空漫遊》於 1968 年上映。

・電影成功之剖析

《2001》如此有名，跟它的電影版本有莫大關係。而電影的成功，可說是克拉克與導演寇比力克（Stanley Kubrick）的共同功勞。而這部上映於一九六八年的電影為甚麼如此成功？在我看來，有以下因素：

內容細節的科學性十分之強，而且拍攝手法認真，一洗以往荷里活科幻電影的粗陋、低俗與荒誕等形象，令人耳目一新。

與細節的科學嚴謹性（例如太空船飛行時的一片死寂——太空中沒有空氣傳播聲音，又哪來震耳欲聾的刺激音響呢？）形成強烈對比的，是故事主題的恢宏與脫拔。恢宏也者，是它以人類進化為題；脫拔也者，是它暗示人類的現狀只是他在進化歷程上的一個過度性階段。而人類的未來，將是一個我們現時無法想像和理解的超然境界。

電影刻意地採取了「言有盡而意無窮」的隱誨手法，為觀眾留下了很大的自由想像空間。我們當然可以批評這種手法為「賣弄」或「故作高深」，但無可否認的是，它成功地引起了不少自認高深的人（影評人、傳媒人、文化人、學者或只是一般觀眾）的注視與談論。

「不少人都說看不明電影想表達甚麼，這是完全正常的。事實是，如果他們說能夠完全明白電影中所表達的一切，那麼我們便徹底失敗了！」——導演與作者對此的共同宣言，可說是這項成功因素的最佳註腳。

·三大迷思：黑色碑石、HAL、星童

電影中令人印象非常深刻的，就是貫穿整個故事的巨型黑色碑石（black monolith）。這塊碑石被人披上了種種不同的神秘外衣。按照「正路」的推斷，這應該是一族智慧高超的外星族群，為「扶掖後晉」或散播智慧而於宇宙間到處留下的智能啟發裝置。對於已經步上智慧之路而懂得基本太空航行的「後晉」，它亦提供了一條通往星辰世界的超時空通道。然而，偏偏有人不喜歡這個科學解釋，而認為黑色碑石代表原罪、人類的心魔、浮士德的知識、文化的詛咒、科學的孽障；又或是人類潛藏的佛性、上帝的救贖，或甚是上帝本身。

如此看來，寇比力克與克拉克是徹底地成功了！

我一時談電影，一時談小說，是否將兩者混淆了？不錯，我確實把兩者混為一談。但大家可能有所不知的是，電影與小說兩者確實兩位一體，難分彼此。原來寇比力克找克拉克合作，誓要拍出一部遠遠超越前人的科幻電影之時，克拉克無法抽空（也可能是未有靈感！）重新構思一個全新的故事。最後只是找來了克氏較早前所寫的一個短篇故事 Sentinel，以此為基礎進一步發揮，並逐步建構成一個電影劇本。在這個過程中，寇比力克與克拉克可說是劇本的共同作者。在電影製作的後期，克氏亦開始把劇本小說化。到最後，小說與電影差不多同一時期推出。一些不知情的人，以為電影乃改編自克氏同名的小說，這只是一個美麗的誤會。

回到電影／小說空前成功的原因，我其實還有一個重大的要素未有帶出。這便是全片只聞其聲而不見其面貌（一盞紅燈和一

▲ 《2001 太空漫遊》電影中經常出現的黑色碑石。（影片截圖）

排一排集成電路板除外）的一個關鍵「人物」──太空船「發現號」的主管電腦 HAL（與地獄 Hell 的發音大致相同）。

HAL 的 全 名 是 Heuristically programmed ALgorithmic computer。心水清的人，很早便看出 HAL 這三個字母，正好是當時電腦界的泰山北斗「萬國通用機器」IBM 這三個字母的前一個字母。雖然克拉克謂這是個巧合，但大部分人都相信，這是克氏故意幽 IBM 一默的一個小小惡作劇。知道上述小插曲的觀眾當然只屬於少數，但相信大部分看過這部電影的觀眾，對這部聲線沉渾、語調不徐不疾，會跟太空船的隊員交談、下棋，而最後狂性大發，把船員逐一殺掉的超級電腦，留下極其深刻的印象。

事實上，整部《2001》有三個最突出的「非一般」角色。他們分別是方才提過的黑色碑石、超級電腦 HAL，以及電影臨完場時驚鴻一瞥的「星童」（漂浮在太空中的一個人類胚胎）。然而，黑碑與星童的意義實在太隱晦了，一般觀眾可說欲辯無從。但一部會說話的殺人電腦，在科技突飛猛進的六十年代末（核能、激光、人造衛星、登陸月球……當然還有電腦技術的崛興！），卻深深地打進了觀眾的心坎，觸動了他們的神經。結果是，電腦殺人成為了《2001》這部電影最惹人談論的一個話題，觸目之處尤在電影的真正主角──巨型黑碑之上。

・對結局的解讀

電影故事很簡單，開場時是數百萬年前的非洲，人類的遠古祖先在觸摸一塊來歷不明的黑色碑石後踏上智慧之路。鏡頭一轉，二十世紀末的科學家在月球上發現了一塊巨型的黑碑。在研究期間，黑碑向木星的方向（在小說中是土星，但因模擬土星的

景象太困難，在電影中改為木星）發射了一股強烈電波。十八個月後，一艘名叫「發現號」的太空船遠赴木星解開謎團。途中電腦發狂把船員逐一殺掉，唯有船員鮑曼及時中止電腦的運作而逃離厄運。最後，太空船抵達木星，並發現一塊環繞著木星運行的碩大不明黑色碑石。鮑曼乘坐太空囊接近碑石，並墮進碑石裡的超時空甬道。在經歷了一連串超乎我們的理解與想像（以及超靜態的！）遭遇之後，他終於脫胎換骨並被送返地球附近的太空，成為了一個（人類進化的另一階段？）「星童」（Star Child）。

電影和小說的最大分別正在於這個結局。在小說中，克拉克讓這個星童把人類部署在地球軌道上的核子武器引爆，以解除人類因自相殘殺而自我毀滅的威脅。小說的結語是這樣的：**「他頓下來，集中心神並考量著他仍未發揮的威力。他雖然已是世界的主宰，但他仍未清楚他下一步應該做些甚麼。不打緊，他總會想到的。」**在電影中，因為不能夠用旁白加以解釋，若地球上空突然白光乍閃（核武器逐一被引爆），觀眾沒有可能知道是怎麼一回事。寇、克兩位編劇最後惟有放棄這個點子。鏡頭只是影著地球與星童，電影在史特勞斯的〈查拉圖斯特如是說〉樂曲再次響起中完結。

誠然，我們也可以有另一種看法，就是電腦與神秘的黑碑其實都代表著同一樣東西，那便是知識以及人類智性的發展，更具體地說是由此而衍生的科技。由是觀之，非洲的猿人觸摸碑石而步上智慧之路，便有如夏娃在伊甸園偷食「知識之樹」的禁果；而猿人懂得使用工具以求生，最後把工具作為武器以殺害同類，則代表了基督教教義中「原罪」的起源。

· 人類原罪之思考

此外，電影中最為人津津樂道的一個鏡頭，是作為凶器的一截動物大腿骨，被殺得興起的猿人猛力拋向空中，翻動的骨骼在升騰中變成了一艘遨翔在太空中的太空船這神來一筆。在電影表現手法上這固然令人讚歎，但其背後蘊藏的涵義恐怕還要深刻，那便是——人類雖然歷經數百萬年的進化而成為萬物之靈，並發展出高超的科技和進入太空，但他的原罪亦一直伴隨著他成長，而知識所帶來的善與惡、明與暗、恩賜與詛咒的矛盾和對立，亦是人類文明一個永恆的主題。

克拉克並非一個基督徒（我們甚至可說他是一個「反基督徒」，例如他在《童年的終結》（Childhood's End）裡，便把基督教裡有關魔鬼的尖尾形象拿來開玩笑），對原罪的興趣應該不大。但原罪背後所代表的西方文明精神的弔詭——亦即知識帶來的矛盾，相信確實是克拉克（以及寇比力克）有意在電影中表達的一個訊息。按照這樣的思路，作為人類智慧最高產物的超級電腦 HAL 狂性大發，正象徵了知識所帶來的「正邪大對決」。而電影主人翁鮑曼憑著聰明、意志和毅力打敗電腦，則暗示了（按照筆者的猜測）這是人類進化過程中的必經之路。也就是說，人類若需要繼續發展，便必須克服這個知識／智性的弔詭。

從這個角度看，電腦發狂這一幕並非生硬地加插進去，而是與電影及小說所要表達的訊息一脈相承的。但問題是，在買票入場的觀眾之中，有多少個會接收到這個隱晦的訊息呢？

・人類的成人禮

當然，如果我們接受這套觀念，那麼電影後半部便可以更「順理成章」的解釋：人類既掌握了太空航行技術飛抵木星，而鮑曼戰勝人類自製的電腦即代表人類作為一個族類已成功地通過了「成人禮」（rite of passage），兩者合加起來，表示人類已經有資格進化（咳！這只是我們慣性地用上了這名詞。嚴格來說這當然不是達爾文理論中的進化，而是外星族類的刻意干預！）到另一個階段。這個階段是甚麼？故事裡可沒詳細解說，我們固然可說這是作者江郎才盡，也可說這正是作者精明之處。為甚麼這樣說？因為既然是一個更高的階段，當然不是處於這個低等階段的我們所能充分了解的。強作解釋，只會畫虎不成，弄巧反拙！

然而，小說和電影始終是兩種不同的媒體，在小說中，克拉克以其生花妙筆，用了過千的文字來描述這一蛻變的過程。在電影裡，寇比力克只能鏡頭一轉，即接到蛻變後的結果——一個飄浮在地球附近太空的星童。

以一個人類的胚胎來代表人類演化（或受扶掖後）的另一個階段，可說是整部電影的神來之筆，但也可說是最大的敗筆，端視乎閣下的觀點與角度而定。

說是神來之筆，是因為胚胎給人的感覺是一個新的開始，還有的是喜悅、歡欣和無盡的可能性。說是敗筆，當然因為它平凡、敷衍、兒戲、缺乏想像和有悖情理。你喜歡選擇哪一個觀點，悉隨尊便。

·克氏三定律

啊！差點兒忘了！《2001》給人談論得最多的一個特色還包括：這是第一部認真地探討外星人這個題材的科幻電影，可是在長達三小時的電影中，卻是半個外星人的蹤影也看不見！

方才說，《2001》是第一部認真地探討外星人這個題材的科幻電影。一些讀者可能會質疑，這是否有誇張之嫌？在此之前，荷里活不是已經有不少以外星人為題的科幻製作嗎？《2001》雖然製作認真，但你總不能說以前的製作全都不認真吧！

且慢！說《2001》是第一部認真地探討外星人題材的電影的人可不是我，而是克拉克本人！要了解他為甚麼這樣說，讓我們先看看著名的「克拉克三定律」：

第一定律：

如果一位德高望重的科學家宣稱某些事情是可能發生的，那麼有很大的機會是對的；如果他宣稱某些事情是不可能的，他極有可能是錯的。

第二定律：

唯一找出可行性的界限的方法，是直闖「不可能」的禁地。

第三定律：

任何充分先進的文明，將會與魔法無異。

上述這「三大定律」，實已可讓我們一窺有「太空先知」之稱的克拉克的精神面貌。但要指出的是，這三條定律並非克氏刻意地編寫出來的。它們其實來自克氏不同文章中的片言隻語，只是一些忠實讀者覺得它們實在太精彩了，遂抽列出來並稱為「克氏

三定律」。豈料這一稱謂不逕而走，「克氏三定律」遂成為了科幻界家喻戶曉的東西。

曾經有人問克拉克，是否還會有第四、第五或更多的定律出籠，克氏戲謔地說：「**既然牛頓以三大（運動）定律聞名，那麼三大定律對我而言，亦已十分足夠了！**」

・第三定律的啟示

克氏三定律中的每一條，固然都可以寫成洋洋萬字的專論，但就回答《2001》是否為第一部認真地處理外星人題材的電影，我們必須把我們的注意力集中到第三條定律之上。

然而，第三定律所謂：「**任何充分先進的文明，將會與魔法無異。**」這究竟是甚麼意思呢？

意思其實十分簡單。現代科學告訴我們，宇宙誕生至今至少有一百四十億年，太陽系誕生至少有五十億年，地球形成至今約為四十六億年，生命起源至今至少有四十億年，而多細胞的、較高等的生物發展至今，亦至少有六億年以上的歷史。

隨著時間的長河順流而下，恐龍崛起距今達三億年，恐龍滅絕而哺乳類動物崛起距今六千五百萬年，古靈長類崛起距今二千萬年，而人、猿分家則距今約七百萬年。

約四百萬年前開始有懂得直立行走的古人猿，約二百萬年前開始有懂得大量製造石器工具的人類祖先，約六十萬年前人類懂得用火，約一萬年前人類懂得農耕，約五千年前懂得用金屬，二百多年前發明蒸氣機（一七八五年），一百年多前發明無線電

（一八九五年），八十多年前釋放核能（一九三八年），近六十年前進入太空（一九六一年），五十多年前才首次踏足地球以外的另一個天體（一九六九年）。

這些看似枯燥的數字背後，實包含著兩個意義重大的道理。

第一，現在科學發展至今只有短短數百年，即已達到如斯令人驚訝的地步。繼續發展下去，數百年後的科技水平，肯定更為匪夷所思，跟今天我們認為是魔術的東西沒有兩樣。（不用說，對於我們的祖先，今天我們所能做的，根本就是魔術！）

第二，上述的生物演化、人類的起源和演化，以及文明的起源和演化等歷程，其發生的早、晚和過程的快、慢，其間充滿著我們所知甚少的偶然因素。我們完全可以想像，宇宙中即使有別的星球孕育著生命，其上的生物可能只經歷十億年而不是四十多億年的演化，便衍生出高等智慧的族類；亦有可能即使經歷了一百億年的演化，仍只是產生出像恐龍般的智慧水平。同理，即使高等智慧族類已經出現，我們亦無發法推測他們何時會發展出可以跨越太空的科技水平。

·對外星人的重新認識

結論是甚麼？結論是，假使我們有一天遇上宇宙中的另一高等智慧族類，要彼此的科技水平相若，以至兩者間可以進行貿易（和平模式）或爆發「星球大戰」（衝突模式），或即使有任何有意義的溝通模式，其或然率都微乎極微，甚至接近零！

更高的或然率，是對方一是遠遠落後於我們，一是遠遠的超越我們。

　　由於人類文明的歷史這麼短（在宇宙的時間尺度還不夠一彈指），前者的機會遠遠低於後者，也就是說，我們常常掛在口邊的「外星人」，絕大可能在各方面都遠遠超乎人類所處的水平，以至在我們看來，他們的本質和所作所為，都超乎我們的理解與想像！

　　而這，正是《2001》的立論與前提！而這，正是荷里活過往所拍的外星人電影皆毫不科學、毫不認真的原因。（更遺憾的是，不單是過往拍的電影，就是及後所拍大量同類電影——例如《天煞》（*Independence Day*）——都犯著同一毛病。不過話得說回來，說它們毫不科學可能說過了頭，因為這始終是一個或然率的問題。）

　　筆者必須指出，上述所指的只限電影而言。在科幻小說的世界裡，《2001》的這一觀點當然絕不新鮮。英國劍橋天文學家霍爾（Fred Hoyle）於一九五七年發表的《黑雲》（*The Black Cloud*）以及波蘭科幻大師史坦尼斯羅夫・林姆（Stanislaw Lem）於一九六一年發表的《梭那利斯》（*Solaris*），都是這方面赫赫有名的經典之作。尤其是前者，我認為是任何對科幻有興趣的人都不能錯過的精彩傑作。喜愛文學而一向覺得科幻「幼稚、低俗」的朋友則更加要看，保證看後會令你們對科幻有所改觀！

2=3

多謝您，克拉克！
——進入克拉克的科幻世界

克拉克最著名的作品是啥？以知名度來說，無疑是《2001太空漫遊》（2001 : A Space Odyssey），因為即使不是科幻迷，也有可能聽過（甚至看過）這部電影並知道它的原著作品。有趣的是，對於大部分科幻迷來說，克氏最優秀的作品並非《2001太空漫遊》……

上文跟大家談及到《2001太空漫遊》的電影及小說，說實在的，筆者是個不折不扣的克拉克迷，所以請容我再多寫一篇。

·初閱大師的作品

大概是中學一年級吧，我在中文版《讀者文摘》讀到〈太空先知克拉克〉這篇文章，首次得悉有這麼一位「太空先知」與科幻大師。不久，我在香港大會堂的公共圖書館首次讀到他的作品《月

球歷險記》，那是台灣商務印書館出版的，是克氏的名著 *A Fall of Moondust* 的中譯本。自此之後，我便成為了克拉克的忠實讀者，他所寫的每一本科幻小說我都沒有錯過。而由於《月球歷險記》是我看過的第一本克氏作品（也是唯一的中譯本，往後看的都是英文原著），又請容許我多說一兩句。

記得在看這本書之前，我剛好看了荷里活的大電影《海神號遇險記》（*The Poseidon Adventure*），並留下了極其深刻的印象，是以在閱讀這本書之時，即時有一股強烈的感覺──這是《海神號遇險記》的太空版！但這是多麼精彩的「太空版」啊！它一方面有電影的劇力，卻也具有電影所無的、令人驚奇讚嘆的科學知識和視野。〔及後我才發覺，克氏小說出版的時間實早於電影的攝製，是以電影實是小說的「地球版」才對呢！另外，其實在差不多同一時間，根據克氏作品改編而成的太空科幻電影經典作品《2001 太空漫遊》亦正在香港上映，只是我那時錯過了，要到多年後（大概念大學期間）才有機會補看。〕

・忠實讀者親訪偶像

值得驕傲的是，作為一個克拉克迷，我不單看遍他的每一本書，而且還兩度探訪過他！

第一次是一九八二年。那時候，筆者是香港天文台（名稱是「天文台」，實質是「氣象台」）的科學主任，被派往斯里蘭卡的首都可倫坡參加一個由世界氣象組織舉辦的研討訓練班。因得知克拉克早於一九五〇年代末即在可倫坡定居，是以我知道有機會前往可倫坡時，便決意一訪這位心儀已久的偶像。

一個國際知名的大作家，會接見一個籍籍無名的小伙子嗎？事實上，其間的過程頗為曲折，詳情事後我曾記載於一篇叫〈克拉克與我〉的文章之中（文章收錄於由香港教育圖書公司出版的拙著《挑戰時空》中）。筆者節錄了其中一小段與大家分享：

　　「令我印象深刻的一件小事，是當我拿出半自動的照相機預備跟他拍照留念之時，發覺照相機的閃燈很久也充不起電來。這閃燈以往也間中鬧過毛病，想不到偏選中這關鍵時候鬧得更兇，令當時的我十分尷尬。可是克拉克絲毫沒有不耐煩的樣子，而且還幫我檢查照相機，看看究竟出了甚麼毛病。後來，他更逕自走到另一個房間，取來了一個小型的測電錶，為閃燈用的電池測量電壓。電壓雖然偏低了一點，但閃燈後來不知怎的又可用了。終於，我既替他拍了一些照片，兩人也拍了一張合照留念。從這一椿小事，可以看出克氏那隨和及平易近人的性格。」

▲ 1982 年筆者親訪科幻偶像克拉克時合照。

　　一九九〇年間，我與友人在香港創辦《科學與科幻叢刊》，其中的秋季號即以克拉克及他的作品為主題。我為此與他多度書信往來，並取得了他的一些生活近照。後來我又得以第二度拜訪大師。讓我再引〈克拉克與我〉一文：

　　「自此我以為與克拉克的緣分已告一段落。但世事如棋，九三年初我與太太參加了一個斯里蘭卡、馬爾代夫的旅行團。途經斯國首都可倫坡時，我冒昧地致電克氏，終於能夠第二次拜會我的這位偶像。他這趟的精神叫我九年前探望他時還要好。他不斷侃侃而談他與新晉作家 Gentry Lee 合著新書的過程，並興奮的像小孩一般地帶我參觀他剛購置的 Celestron-14 天文望遠鏡，又說笑地謂他擬在屋頂天台興建小型天文台時要十分小心，否則隔壁的伊拉克領事館必定以為他在從事情報窺探活動云云。（其時伊拉克正吞併了科威特不久，我途經領事館時看到裡外都掛有薩達姆・侯賽因的肖像。）總之，這次的探訪非常愉快，是我在享受馬爾代夫海底世界以外的另一個額外收穫。」

▲ 1993 年筆者難得第二度親訪科幻大師克拉克。

·最佳作品大比拼

克拉克最著名的作品是啥？以知名度來說，無疑是《2001 太空漫遊》（*2001：A Space Odyssey*），因為即使不是科幻迷，也有可能聽過（甚至看過）這部電影並知道它的原著作品。〔有興趣的讀者請看上一篇文章 2-2〈經典作品《2001 太空漫遊》賞析〉〕

有趣的是，對於大部分科幻迷來說，克氏最優秀的作品並非《2001 太空漫遊》。根據歷年來的讀者投票（最初是透過科幻雜誌，近年則透過互聯網），克氏最備受歡迎的作品是——《童年的終結》（*Childhood's End*）與《城市與星辰》（*The City and the Stars*）。至於誰者排第一、誰者排第二，則是見仁見智難有定論。

·令筆者落淚的《童年的終結》

在克拉克本人的作品中，外星人先進的科技超乎我們的想像、以及人類現時只是處於進化上的一個過渡性階段這等意念，一早便見諸他於一九五三年出版的長篇小說《童年的終結》（*Childhood's End*）。外國不少評論者皆認為，這篇小說才是克氏最優秀的作品。筆者對此深表贊同。

小說的開場，與電影《天煞》（*Independence Day*）的開場十分相似。那便是碩大無朋的飛碟在世界各地從天而降，人類最先當然以為受到外星人的侵略而企圖反擊。可是他們很快即發現，所有最先進最威力強大的武器皆完全失效。在外星人的超能科技震懾下，人類未發一槍一彈即要俯首稱臣。

但這是否代表人類的末日呢？非也！原來這些外星人不但沒

▲ 克拉克於 1953 年出版的長篇小說
《童年的終結》（*Childhood's End*）。

有加害人類，反而幫助人類消弭戰爭，並逐步建立一個和平、理性和友愛的大同世界。

大半個世紀過去，地球上的生活已變得十分和諧安寧。可是對一些人來說，過於平靜的生活變得枯燥乏味。他們開始抱怨，無論外星人的動機為何，他們處處幫助我們教導我們，就像一個成年人握著一個小孩的手，那只會妨礙這個小孩的獨立和成長。一股燥動的氣氛開始在地球上蔓延。

為了暗中對抗外星人的統治，人們建立了一個藝術家村，名為「新雅典」。然而，就是在這個基地裡，一些兒童發展出各種匪夷所思的超能力。人類對這些變異心生恐懼，甚至產生把新雅典毀滅的念頭。

就在千鈞一髮的時刻，外星人終於透露他們來到地球的真正目的。原來他們的文明雖然比人類的先進很多，但按照他們的研

究顯示，作為一個生物族類，他們在演化的道路上已經到了盡頭，無法再進一步。相反，人類雖然是一個年輕的族類，但他擁有的巨大潛質，是這些外星人所望塵莫及的。但年輕的人類有自毀的傾向，外星人來到地球，首先是要阻止人類的自相殘殺，繼而是促進人類的進化，使人類能夠躍升至一個嶄新的境界。

而新雅典中兒童的蛻變，正是人類開始進化至另一個階段的徵兆。故事的結局可算出人意表，因此一直似乎高高在上的外星人（小說中稱為「領主」Overlord）原來只是催生新族類的助產士……。

上述的簡介當然無法充分展示小說的魅力與風采。這篇描述未來世界的小說，時間的跨度達一百三十年之久。其間描寫了一大群不同性格的人物，既包括了地球人亦包括外星人。無論在科學構思的大膽、哲理寓意的深遠，以及文筆的優美流暢等各方面，都達至很高的成就。

外國的評論者往往以 prophetic、visionary、poetic 這三個字來形容克拉克的風格。這三個形容詞並不好譯，筆者嘗試稱之為「高瞻遠矚、意境深邃、富於詩意」。對於一個科幻作家，我認為這是最崇高的禮讚。

·遙遠未來的《城市與星辰》

接著下來，請讓我再向大家介紹兩本我心愛的克氏作品《城市與星辰》（*The City and the Stars*）與《深海牧場》（*The Deep Range*）。先後於一九五六年、五七年出版的這兩本作品，創作時間雖然十分接近，但卻代表了科幻創作中的兩個極端。前者是以遙遠未來（far future）為題材的神話式、史詩式的作品；後者則是

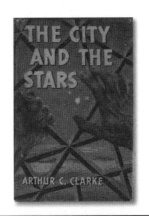

▲ 克拉克於 1956 年出版的《城市與星辰》
（*The City and the Stars*）。

以不久將來（near future）為背景的寫實主義作品。然而有一點是相同的，就是兩者都十分成功。

《城市與星辰》的前身，是克氏於一九四八年發表的一個中篇故事 *Against the Fall of Night*。但依照克氏的自述，這篇小說的構思早於少年時期便已開始，遠較中篇作品為早。而最後完成的長篇小說，成就遠較中篇作品為高。是以除了其歷史價值外，這個中篇已沒有必讀的需要。

長篇小說的開始，描述少年主人翁艾爾文自幼在一個名叫 Diaspar 的超級城市內長大。事實上，這個極為先進和完全自給自足的封閉式城市，就是艾爾文所認識的整個世界，因為城市中的一條最高戒律，就是任何人也不得擅自離開城市。按照訓律，城市外是一無所有和人類無法生活的禁地。

物質高度豐裕和沒有紛爭沒有罪惡的 Diaspar，儼然是人

類夢寐以求的理想國。但對於充滿活力和好奇心的艾爾文，卻不甘心在這悶煞人的理想國中度過一生。終於，他成功地逃離Diaspar，並在荒漠中找到另一個城市 Lys ——地球上碩果僅存的第二個城市。

隨著這第一步開始，艾爾文展開了令他「眼界擴闊又再擴闊、心靈高飛又再高飛」的一趟奇妙旅程。他發現，人類在遙遠的過去已經馳騁於星際空間，並且與眾多星球上的高等智慧族類，共同建立包含著億萬星球的銀河疆域。星際文明雖然波瀾跌宕，但人類整體還是不斷躍升，變得更聰明、更睿智、更威力無邊。

然而，正是在人類的慫恿下，星際文明開展一項終極的追求——創造一個完全不受物質和形體束縛的超級心靈，從而解開我們這些受形體束縛的心靈永遠也無法參透的最終宇宙奧秘！

然而，這項歷時百萬年的浩大工程，最後竟然製造了一個不受控制的「宇宙狂魔」（The Mad Mind）。人類和其他星族經歷漫長而慘酷的搏鬥，才將這個狂魔禁錮在一個叫做「黑太陽」的特製星球之中。不過，這個黑太陽的威力終有耗盡的一日，屆時，宇宙狂魔將會破枑而出，再次肆虐銀河。

然而，遠在這一日到來之前，星際文明接收到來自宇宙另一角落的緊急召喚。最後，絕大部分的族類都拋棄銀河系，朝著這個神秘的召喚而去，而剩下來不願上路的星族——包括人類——皆逐一文明崩壞倒退。人類更是逃返地球躲藏，最後自絕於宇宙。

不過，星際文明大遷徙前，還在銀河系內留下了一項重要的遺產，可作為對付宇宙狂魔的秘密武器。這項遺產是甚麼？恕我在此賣個關子。因為如果甚麼都說出來，小說也就不好看了。

　　《城市與群星》深深吸引筆者的，主要在於它那大膽的構思、高超的想像和懾人的氣魄。上述短短的介紹，當然無法表達這部傑作如何精彩的萬分之一。一句話，以遙遠未來為主題背景的科幻創作，至今仍未有一部能夠超越《城市與群星》。

‧充滿寓意的《深海牧場》

　　上文提到曾經有最喜愛克拉克作品的投票，結果我完全同意（「英雄所見全同」嘛！）。至於哪部作品應該排第三，我亦難以作出取捨。《2001 太空漫遊》可能是一個熱門的選擇；不少克拉克迷對一部中、後期作品《遙遠地球之歌》（*The Songs of Distant Earth*）有很高的評價，但也有讀者可能會選擇《地球光》（*Earthlight*）、《天堂的噴泉》（*The Fountains of Paradise*）或是《拉瑪任務》（*Rendezvous with Rama*）。但我個人較為傾向一部較冷門的早期作品《深海牧場》（*The Deep Range*）。

▲ 克拉克較冷門的早期作品《深海牧場》（*The Deep Range*）。

《深海牧場》最吸引我的地方，主要在於書中一句寓意深刻的說話，以下先讓我簡介故事，至於這句說話是甚麼？容我稍後才揭曉吧！

　　這個故事是假設人類未來為了解決糧食不足的問題，把注意力轉往海洋。要養活這麼多人，過往的狩獵式方法當然再行不通。唯一的方法，是仿效我們的祖先數萬年前在陸地上所走的那一步，亦即由狩獵轉而為畜牧。而畜牧的對象，則是海中的巨獸──鯨。事實上，《深海牧場》讀起來活像一部美國西部牛仔的小說，只是牛仔的坐騎變成了微型的個人潛艇，牧羊犬變成了身手同樣敏捷並且更為聰明的海豚。不過，如果《深海牧場》真的只是一部這樣的小說，那麼它充其量只是一部 B 級的科幻作品。使它提升到一個嶄新境界而成為一部 A 級作品的，正是我方才提到的那句說話。

　　話說故事中的主人翁法蘭克林，畢生奉獻給牧鯨事業，經歷了不少艱辛苦楚。其間，連最要好的一個摯友，也因牧鯨作業時的一趟意外而葬身海底。到了他事業的晚期，以為可以功成身退，不料卻身不由己地捲入了一場與他的名譽與榮辱攸關的論戰之中。論戰的緣起，是來自斯里蘭卡的一名佛學大師，從佛教眾生平等和誡殺的原則出發，這位大師猛烈批評牧鯨事業。他的言論受到愈來愈廣泛的重視，最後形成了一股世界性的反牧鯨浪潮。

　　眼看這一發展，我們的主人翁不禁又驚又怒，並深感他畢生的功勞正被誣蔑和否定。他開始發表文章反擊，與佛學大師展開論戰。故事的結局，是法蘭克林終於與佛學大師面對面的會晤。經過了一場精彩的對話之後，法蘭克林終於服膺於大師的一句說話之下。

對於仍在唸中學的我，這句話深深地打進我的心坎，震撼之情如今還歷歷在目：

「在茫茫的宇宙之中，人類終有一天會遇上比他更強大、更聰明的族類。那天來臨時，人類將會受到怎樣的對待，很可能將決定於他如何對待地球上的其他生物。」

・向科幻大師克拉克致敬

有關克拉克的著作和他的思想，就是再多數倍的篇幅，筆者仍可寫個不完；而即使筆者就是為大家再寫一萬字，也不及各位親自去找克氏的一本作品來讀那麼受用。

雖然不再多說，但我仍想補充一點，我對克拉克的仰慕，不單因為他的科幻小說，還在於他對太空探險的熱情，以及對人類精神領域拓展的遠見。

在科學預見上，克拉克於一九四六年即提出了「同步地球通訊衛星」這個出色的構思，比現實早了近二十年。他於一九七三年在《拉瑪任務》（*Rendezvous with Rama*）中提出的「圓筒世界」，以及一九七九年在《天堂的噴泉》（*The Fountains of Paradise*）中提出的「太空升降機」，雖然意念並非完全原創，但他透過生花妙筆，令普羅的讀者領悟到這些精彩意念的激動人心之處。假如這些意念終有實現的一天，實現它們的科學家，也很可能因為少年時受到這兩本小說的啟發呢！

▲ 1973 年作品《拉瑪任務》（*Rendezvous with Rama*）。

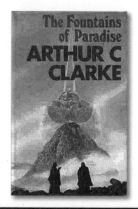

▲ 1979 年作品《天堂的噴泉》（*The Fountains of Paradise*）。

‧入門閱讀的一點建議

如果你從未看過克氏的作品，上文及本文較詳盡地介紹過的四本小說，任何一本都可作為很好的入門作品。此外，《月球歷險記》（*A Fall of Moondust*）和《天堂的噴泉》（*The Fountains of Paradise*）也是我的「心水推薦」。

有一點要謹記，千萬不要拿克氏與其他人合著的幾本晚年作品來作為入門的閱讀，因為在這些作品中，克氏那清新純樸的風格已受到嚴重的污染。切記！切記！

多年前，我寫了一篇名叫〈克拉克與我〉的文章，由於我覺得不會寫得更好，容許我把其中一段摘錄，以作為本文的結語：

「除科幻小說之外，我也大量閱讀了克氏有關科學特別是太空探險的著作。事實上，這些著作為我帶來的興奮與喜悅，尤在科幻小說之上。它們使我的眼界擴闊又再擴闊、心靈高飛又再高飛。可以這樣說，閱讀克氏的作品是我一生中最大的享受。」

2=4

《科學怪人》的奇情與啟示

在主流文學中，《科學怪人》被歸類為將恐怖與浪漫集於一身的「哥德式小說」（gothic novel）；但在科幻迷的眼中，它則是世上第一部科幻小說。兩種歸類其實並無衝突。判定它屬科幻，是因為「怪人」的創生並非靠巫術或魔法，而是當時最新的科學發現。而這，正把我們帶到這部作品的思想核心……

上文提到筆者讀《童年的終結》（*Childhood's End*）時掉淚，本篇再跟大家分享另一本「奇書」的感想。筆者曾應中英劇團之邀，為他們當時即將公演的話劇《科學怪人》主持一個公開導賞講座，話劇改編自同名小說，小說原名 *Frankenstein*，於一八一八年出版，距今已有二百年！說這本是「奇書」並無誇張，因為作者是一名年僅十九歲的英國少女，而此書更是她的處女作。相信這名少女做夢也沒有想過，她這本小說竟然會流傳後世，更被改編為無數電影、電視和舞台劇作品。

·十九歲「少女」處女作流傳二百年

筆者稱作者為「少女」，其實錯了，因為她創作這本小說時已經下嫁了著名英國詩人雪萊（Percy Bysshe Shelley）。正因如此，雖然作者的閨名是 Mary Wollstonecraft，後人都稱她為瑪麗·雪萊（Mary Shelley）。

還有一個「美麗的誤會」（還是「醜陋的誤會」？），是大部分人以為「佛蘭克斯坦」（Frankenstein）便是那個滿面針縫、猙獰可怕的「科學怪人」，殊不知 Victor Frankenstein 乃創造出這個怪人的青年科學家，而怪人在故事裡始終沒有名字。

·世界第一部科幻小說

在主流文學中，《科學怪人》被歸類為將恐怖與浪漫集於一身的「哥德式小說」（gothic novel）；但在科幻迷的眼中，它則是世上第一部科幻小說。兩種歸類其實並無衝突。判定它屬科幻，是因為「怪人」的創生並非靠巫術或魔法，而是當時最新的科學發現。而這，正把我們帶到這部作品的思想核心。

▲ 《科學怪人》（*Frankenstein*）於 1818 年出版，距今已有二百年。

　　人類不懈的科學探求，不斷發現新知識，而這些新知識則為我們帶來各種前所未有的能力。這些能力固然可以用於「善」，但當它被用於「惡」之時，是否會帶來愈來愈可怕的後果呢？（你立刻會想到甚麼？炸藥、核能、基因工程、人工智能……？）

　　尤有甚者，即使我們沒有立意作惡，但用新知識新科技製造出來的事物，是否終有一天會超越我們的控制，甚至反過來加害我們？

・佛蘭克斯坦情結

　　這種對自己製造出來的事物失去控制的恐懼，科幻界很自然地稱之為「佛蘭克斯坦情結」（Frankenstein complex）。推而廣之，社會學家則提出了「科技反噬論」，甚至「文明反噬論」等觀點。

　　在西方世界，這類觀點其實淵源甚深。《聖經》〈創世記〉中的亞當與夏娃，正因為偷吃了「知識之樹」的禁果而犯上「原罪」；古希臘神話中的潘朵拉（Pandora）因為好奇打開盒子，把一切人世間的災難釋放了出來；而普羅米修斯（Prometheus）則因為把光明的火炬帶到凡間，而受到永恆的懲罰。《科學怪人》一書的副標題為「現代的普羅米修斯」（the Modern Prometheus），已明確地包含了這種思想。

　　「佛氏情結」是科幻創作的重要主題──《2001 太空漫遊》（2001: The Space Odyssey）中的殺人電腦 HAL、《未來戰士》（Terminator）中的機械人統治、《22 世紀殺人網絡》（Matrix）之中的電腦虛擬世界等都是其中的佼佼者。

· 反映人類排斥異類心態

　　但筆者細讀這本小說時，卻被另一個角度的思考所感動。怪人的本性原來不壞，卻因為人類對他的恐懼、憎恨、抗拒和排斥，一步一步迫他走上絕路。這種「非我族類、其心必異」，以及由此而引申的「去之而後快」的可怕心態，不正是千百年來人類無數悲劇的根源嗎？這本小說與眾多優秀科幻作品一樣（最新的例子是電影《D9 異形禁區》（*District 9*）），迫使我們思考甚麼才是真正的包容與「大同」。

　　最後不得不提的是，這本小說既不冗長亦不艱深，文字更頗為優美，實在十分適合高中學生閱讀。閱讀的要訣只有一個，就是遇到不懂的英文字必須從上文下理推敲，而不宜查閱字典。（這是我歷來鼓勵中學生廣泛閱讀英文書籍的「要訣」。）

▲ 電影《D9 異形禁區》（*District 9*）。

2=5

星球梭那利斯

> 林姆的科幻作品不論在東、西方都
> 享有極高的評價。美國《費城訪刊》
> （*Philadelphia Inquirer*）曾這樣
> 寫道：「如果到本世紀末，林姆仍然未
> 獲得諾貝爾文學獎，那必然是有人告
> 訴評審團，他寫的是科幻小說。」……

　　一九八八年香港的國際電影節選映了《星球梭那利斯》
（*Solaris*），筆者特意和太太跑到紅磡的高山劇場觀看。看罷我
興奮地跟自己說：我十多年來的心願，終於得以實現了！（雖然
太太至今仍有投訴當年為甚麼帶她看一部如此深奧難明的電影，
一笑！）

　　電影《星球梭那利斯》原為波蘭科幻奇才史坦尼斯羅夫‧林
姆（Stanislaw Lem）於一九六一所發表的一部長篇小說，亦是這
位多才多藝的作家首次被譯成英文的作品。筆者於一九七四年唸
中六時首讀此書，旋即被書中高超的想像和深邃的哲思所深深震

撼,讀罷唱采不已,並驚歎在東歐的鐵幕國家之中,竟然也有如此出色的科幻創作。

▲ 波蘭科幻奇才史坦尼斯羅夫・林姆(Stanislaw Lem)的作品《梭那利斯》(Solaris)。

・描寫與外星生命接觸之科幻經典

《梭那利斯》的題材,是科幻小說中一個最經典的主題:「接觸」,意即人類跟宇宙中別的高等智慧族類的首次相遇。科幻中以此為題材的作品可說汗牛充棟,開先河的是威爾斯(H. G. Wells)於一八九八年出版、描述火星人侵略地球的《宇宙戰爭》(War of the Worlds)。但由於林姆在自然科學、工程學、控馭學、心理學、語言學、甚至哲學等多方面都有很高的素養,故此能夠將如何與外星生命取得溝通(或根本無法溝通)這個問題,提升至一個嶄新的境界。

故事描述人類發現了一個完全被海洋所覆蓋的行星,並建立了太空站,環繞著行星進行長期探測。但這個海洋並非一般的海洋,而是神秘怪異得可以的一個超級物體——洋面經常出現一些

色彩斑斕、碩大無朋的圖案和複雜結構，它們無端的來、也無端的去。探險人員乘坐小型太空船飛越洋面進行探測時所見的異像，令人留下深刻的印象。

不久，更為詭異的事情開始在太空站內發生。站內的人都發覺自己最親愛但已經死去的人突然重現眼前。這些人都不知道自己為甚麼會在這兒出現，而所有科學檢測都證明這些是有血有肉的人，而不是甚麼幻象。但這種復活帶來的不是單純的歡欣。各人感情上的糾纏、怨懟、自責、悔恨和埋藏心底的痛苦回憶紛紛湧現。更令人心生恐懼的是，男主人翁死去的愛妻再度自殺，卻於不久之後再度復活……

・引發人生哲理的種種深思

在這本小說中，林姆那深刻細膩和富於哲理的筆觸發揮得可謂淋漓盡致。故事本身沒有結局，而只是帶出了一連串發人深思的問題：星球上的海洋是活的嗎？所謂「活」的定義是甚麼？一個海洋可能擁有感知和懂得思維嗎？感知和思維又應該如何來界定？我們有可能真正了解別的智慧心靈嗎？抑或我們永遠只能在別的心靈中看到自己人性的反映？冥冥的宇宙必須服膺於人類認識的局限嗎？抑或存在著人類根本無法理解的事物？

事實上，林姆的科幻作品不論在東、西方都享有極高的評價。美國《費城訪刊》（*Philadelphia Inquirer*）曾這樣寫道：「**如果到本世紀末，林姆仍然未獲頒諾貝爾文學獎，那必然是有人告訴評審團，他寫的是科幻小說。**」

一九七二年，蘇聯著名導演塔可夫斯基（Andrei Tarkovsky）把《梭那利斯》拍成電影。稍為熟悉蘇聯電影的人對塔氏都不會

陌生。名導演英瑪・褒曼（Ingmar Bergman）曾經這樣說：「**初看塔可夫斯基的作品就似奇蹟。我認為塔可夫斯基是偉大的，他創造了全新的電影語言，把生命的現象倒映、像夢境般捕捉下來。**」

　　在筆者看來，《星球梭那利斯》這部電影難以跟原著小說相提並論，這便有如拍得再好的《射鵰英雄傳》，也難以跟原著小說相提並論一樣。但對於熱愛電影的人，我毫無保留推薦這部電影。這部電影曾被譽為《2001 太空漫遊》（*2001: A Space Oydssey*）的蘇聯版。的確，正如克拉克（Arthur C. Clarke）加上了寇比力克（Stanley Kubrick），林姆加上了塔可夫斯基創造出來的，是一部使人難忘的經典科幻作品。這十多年的等待總算沒有白費。

【2019 年附記】

二〇〇二年，美國導演史提芬・索德柏（Steven
Soderbergh）再次把《梭那利斯》搬上銀幕（由佐治・古尼
George Clooney 主演），大大增加了世人認識原著故事的機
會（第一部俄國電影始終是十分冷門的作品）。雖然很多人
把它拿來跟塔氏的作品比較並且評價不高，但筆者看後卻覺
得其實不錯，值得大家找來一看。電影中引用了詩人狄蘭・
托馬斯（Dylan Thomas）的一首詩《當死亡不再支配一切》
（*When death shall have no dominion*；原文來自《新約
聖經》的〈羅馬書〉），很能帶出故事背後的哲思。

此外，塔可夫斯基其實還把另一本科幻名著搬上了銀幕
——俄國著名作家史圖格斯基兄弟（Strugatsky Brothers）於
一九七一年發表的《路邊野餐》（*Roadside Picnic*）。電影
把名字改為 *Stalker*（中譯《潛行者》）。筆者既看過英譯本
也看過電影，仍是那一句，兩者也不可錯過。

至於林姆的其他著作，被譯成英文的已有近二十本。
作為入門，筆者高度推薦 *The Invincible*、*Fiasco* 和 *The
Cyberiad* 這幾本精彩的作品。

2-5
星球
梭那
利斯

183

▲ 除了《梭那利斯》（*Solaris*），筆者也高度推薦林姆的 *The Invincible*、*Fiasco* 及 *The Cyberiad* 三部作品。

2=6

讀科幻掉淚

*我們看到一個純樸的心靈從混沌中
逐步甦醒，就好像一個人從幽暗的房間
走向一個光明燦爛的世界。但好景不常，
這個一度攀上較常人更高境界的心靈，
到頭來逐步下滑，最後從光明跌回黑暗
和混沌之中……*

自小學開始，筆者便愛上科幻小說。在我閱讀科幻小說的歷程上，至少有三次因感動而掉淚的經驗。

·《童年的終結》（*Childhood's End*）

第一次發生在中學三、四年級左右，看的是前文也提及過、我十分喜歡的克拉克作品《童年的終結》（Childhood's End）。〔請參閱本書 2-3 內容〕這部小說一開首即描述外星人的巨型飛碟抵達地球各大城市的上空，而人類最先進的武器皆派不上用場。

又是一個「外星人侵略地球」的故事？非也！這本出版於一九五三年的小說，較眾多同類題材小說在意境上不知高出多少倍！原來外星人的抵達不是為了征服人類，而是為了協助人類攀升至進化上的另一個境界。由於這族外星人受到先天上的限制，這個境界對他們來說永遠可望而不可即。看似高不可攀和威力無邊的他們，原來只是人類成為「超人」的「助產士」。

人類與這些神秘外星人的接觸，是透過一代又一代的聯合國秘書長。由於外星人的平均壽命較人類的長很多，負責與人類溝通的外星人雖然與一代又一代的人類代表建立起深厚的感情，卻無奈地看著他們一個一個衰老和死亡，這便好像我們眼看著最深愛的寵物一隻一隻離去一樣。最後，他向最新一任秘書長道出他們此行的真正目的，並表示他們即將功成身退之時，故事的場景既令人激動又充滿著哀愁，對於只有十來歲的我，讀著讀著，竟不覺地潸然淚下。

▲ 克拉克於 1953 年出版的長篇小說
《童年的終結》（*Childhood's End*）。

·《獻給阿爾吉儂的花束》*Flowers for Algernon*

　　至於第二次掉淚，是閱讀由丹尼爾·凱斯（Daniel Keyes）於一九五八年所寫的中篇故事《獻給阿爾吉儂的花束》（*Flowers for Algernon*）。故事中的主人翁是一個智商只有 68 分的年輕人，因為一次偶然的機遇，他接受了一個科學家的創新腦部手術，智力因而得以大幅提升，最後更變得比所有人都聰明。可惜的是，這個手術的效應原來只是暫時的。年輕人的智力一天一天的衰退，最後回到故事開首時的狀態……

▲ 丹尼爾·凱斯（Daniel Keyes）的中篇故事《獻給阿爾吉儂的花束》（*Flowers for Algernon*）。

　　從這個故事梗概各位已經可以看出，這是一個多麼震撼心靈的故事。作者更加採取了一種最直接的寫作手法──整個故事乃由主人翁所寫的「進展報告」（等同日記形式）以「第一人稱」的方式道來。其間我們看到一個純樸的心靈從混沌中逐步甦醒，就好像一個人從幽暗的房間走向一個光明燦爛的世界。但好景不

常，這個一度攀上較常人更高境界的心靈，到頭來逐步下滑，最後從光明跌回黑暗和混沌之中。我相信不止筆者，大部分讀過這篇作品的人都曾經為主人翁的遭遇落淚。

上述兩部作品都有台灣的中譯本。前者用了一個筆者十分反感的名字《童年末日》；而後者《獻給阿爾吉儂的花束》，則是根據故事的長篇小說版譯出。各位若真感興趣的話，筆者極力建議閱讀原著（兩本的英文都不艱深）。其中特別是後者，因為「日記」中的英文由錯誤連篇到行文流暢再到錯誤連篇的過程，中譯本是完全無法反映出來。

這個故事亦曾被荷里活搬上銀幕，電影名稱是 *Charlie*，在港上映時稱為《畸人查理》。它更曾被改編成一個以粵語演出的話劇《天才一瞬》，並曾於香港數度公演。筆者既看過電影亦觀賞過話劇演出，但論感人的程度，原著小說還是無可取代。

· 《海柏利昂》*Hyperion*

第三次落淚，則是看丹·西蒙斯（Dan Simmons）於一九八九年出版的作品《海柏利昂》（*Hyperion*）。這本書由多個相關連的故事所組成，是一本極其精彩的作品。其中一段描述一個女科學家患了一個怪病，就是每天醒來都較前一天年輕，而且都忘記了前一天發生的事情。（作者借阿瑟王的傳說把這個病稱為 Merlin's disease。）故事中敘述這個科學家的父親如何帶著這個已倒退為稚子的小女孩，跑遍宇宙每個角落以尋求解救之道。閱讀此書時筆者剛為人父，想到為人父母面對這種情景的傷痛，眼淚不禁奪眶而出……

　　大家如果有看過《奇幻逆緣》（*The Curious Case of Benjamin Button*）這部電影，當會覺得有關的意念十分相似。但電影乃根據美國小說家費茲傑羅（F. Scott Fitzgerald）寫於一九二一年的短篇故事改編。至於西蒙斯是否受這個故事啟發而作出書中的情節，那便不得而知了。

　▲丹・西蒙斯（Dan Simmons）的作品《海柏利昂》（*Hyperion*）。

2=7

衛斯理大戰木蘭花

說實話，直至今天為止，我仍然認為以小說論小說，「木蘭花」的成就乃在「衛斯理」之上。以「特務—偵探—推理—歷險—驚險」這一類型的小說而論，我認為「木蘭花」的水平甚至在伊安·法林明（Ian Flemming）的「占士邦」小說之上，而且差別是顯著的……

二〇一九年香港書展的年度主題是「科幻與推理文學」，香港小說作家倪匡自然在「年度作家」名單之中，他的「衛斯理」小說系列面世逾五十年，以下這篇文章筆者雖然寫於多年前，但這次收錄成書，也想再借此篇幅，將它與一眾倪匡老師的粉絲分享。

·遇上「女黑俠木蘭花」

筆者年幼時家境清貧，父母沒有甚麼餘錢給我買課外書，卻因工作上的關係，偶爾會把一些富裕人家丟棄的書籍帶回家，好讓我的姊姊、妹妹和我三人多一點閱讀和學習的機會。

小學三年級的一天，爸爸又帶回來一大疊圖書和雜誌，並把它們放到家中的一個角落。有好一段時間，我因為忙於功課（也必然因為忙於其他玩耍！），對這疊書籍未有怎麼留意。然而，在無聊加上好奇的驅使下，我終於在某一天嘗試翻閱這些雜誌和書籍，希望在其中找到些較為有趣的東西。豈料，我的願望可謂「超額實現」！因為正是這趟翻閱，使我遇上了第一本「女黑俠木蘭花」小說。由那一刻起，我成為了至死不渝（今天的流行用語是「死忠」）的「木蘭花迷」。世事也真湊巧，我遇上的第一本木蘭花小說，亦正是這個系列中的第一本作品《巧奪死光錶》。〔中二那年，同樣的巧合再次發生在我身上：我在圖書館借閱的第一本阿西莫夫（Issac Asimov）的長篇小說，亦正是他的第一本長篇作品《繁星若塵》（*The Stars, Like Dust*）。〕

我十分記得小說開首不久，有一段「兒童不宜」的香艷描寫。在今天看來，這當然極其「小兒科」。但對於當時的我，已是感到興奮莫名。

但更令我興奮的還在後頭！顧名思義，故事講的是有關一種新發明的犀利武器「死光錶」的你爭我奪。大概到了故事的中段吧，主角女黑俠木蘭花向眾人解釋：「所謂『死光』只是『雷射』的俗稱，而『雷射』則是英文 LASER 的音譯。LASER 的全名是『Light Amplification by Stimulated Emission of Radiation』，也就是『輻射激發光束放大原理』的意思。」

▲ 魏力作品《巧奪死光錶》。

▲ 魏力另一部作品《連環毒計》。

　　嘩！實在太棒了！對於正在開始迷上天文和所有科學知識的一個小學三年級生來說，這實在太令人興奮了！（以今天的流行用語應是「超酷」！）就小說的閱讀而言，這種興奮差不多要到中二那年，我首次讀到阿西莫夫的「機械人學三大定律」之時才被超越。

　　就是這樣，我畢生迷上了木蘭花！

　　如此精彩的書籍當然要跟姊姊和妹妹分享。雖然其中的香艷場面是有點尷尬，但我顧不得這麼多，還是向她們大力推薦這本小說。最先看的是在唸小四的姊姊，對於仍在唸小一的妹妹，這本書實在是艱深了點。

　　已記不起是多久之後的事情。我無意中在灣仔近修頓球場附近的一間「長興書局」，發現有木蘭花的小說出售！售價是一元六角一本。不用說，我立刻告訴姊姊和妹妹，繼而集合三人的零用錢往書局購買。如無記錯，其中一本最先購買的是《連環毒計》，而其中所描述的「G-G 七號活性毒藥」，令我對作者的想像力佩服得五體投地。

　　那麼作者是誰呢？是一位名叫「魏力」的作家。（很奇怪地，我們姊、弟、妹三人都很自然地把名字唸成「毅力」，而不是「危力」。）而隨著我閱讀的木蘭花小說愈多，我對魏力的敬佩也愈大。不諱言，我有很多知識都是從他的小說中首次得悉的，除了方才提過的「雷射」外（後來港人習慣寫作「鐳射」，後來再跟隨大陸稱「激光」），其他的還包括布匿戰爭和突尼西亞沙漠中的迦太基古城、南美洲的印加帝國和利馬高原、柬甫寨的吳哥窟、國際刑警、氰化鉀的杏仁氣味、水銀氣的毒性、黃金的驚人重量等等。

　　當然，正如人們只會「迷」福爾摩斯而不是柯南道爾一樣，對於在唸小學的我而言，令我敬佩的是劇中的人物木蘭花 —— 她的學識淵博、智勇雙全、行俠仗義、身手不凡，使她成為了我心目中最崇高的偶像。相比起來，當時正開始風靡全球的「鐵金剛特務 007」，簡直是小巫見大巫！

·木蘭花影響我至深的兩件事

就這個偶像對我所產生的影響，有兩件事是最為深遠的。第一件是在讀《連環毒計》之時，得悉木蘭花之所以擁有這麼淵博的學識，原因之一是她有剪報的習慣。不用說我立刻便開始了我的剪貼冊。而我第一篇剪貼的，是一九六七年獅子山隧道通車的新聞報道。（隨後的數十本冊子追隨了我四十多年，曾經飄洋過海遠赴澳洲，及後跟我回流香港，如今仍好好地保存在我家中。）

至於第二件事，發生在小六暑假的某一天。那天家人帶我往中環「天利行」購買書籍預備開學。我的心卻在不斷想著我的偶像。記得乘坐電車回家時，我突然間有一股很強烈的感覺：在過往，我用功讀書是為了滿足父母的期望和老師的要求，而不是為了自己。但一下子我想通了：我將來必須好像木蘭花一般的博學睿智（雖然當時的我未懂得「睿智」這個詞彙，但這的確反映了我當時的想法）。而要達到這個目標，我便必須努力讀書。剎那間，我同時找到了我人生和讀書的目標了！

長興書局的木蘭花小說很快便給我們買光。有好一段時間（至少五、六年吧），我們會不時前往書局溜達，一見到有新出版的小說便立刻買下來。印象最深刻的一次，是一次過買了三本。那天應是星期日不用上課，我們三個傻子就這樣趴在家中，用了只是大半日的時間便輪流把三本小說一口氣看畢！

中學畢業前後，五十多集的木蘭花皆被我們遍讀，而系列亦告終結。除了金庸、羅素、阿西莫夫和克拉克的書籍外，沒有一個作家的作品為我帶來了這麼持久的樂趣。

本文的題目是〈衛斯理大戰木蘭花〉，為何至今講的都只是木蘭花而已？各位不用急躁，衛斯理立刻便會登場了。

·在我眼中的衛斯理

話說中學會考過後，我轉到皇仁中學唸預科。那時（一九七三年）已得悉坊間十分流行一系列名為「衛斯理」的小說。但那時的我自公立圖書館已差不多遍讀克拉克、阿西莫夫、海萊因等西方科幻大師的作品（當然指直至當時已出版的），對於一個香港人所寫的「科幻」，可說一點信心也沒有（其中不無「外國的月亮是圓的」崇洋心態）。後來聽見人們說這些作品開場時皆劇力十足，到結局時卻總是捧出「外星人」以草草了事，我的主觀評價（因為我一本也未有讀過！）便更是等而下之。

我十分記得，中六、中七期間，我參加了皇仁書院的天文學會並認識了它的會長 —— 鄰班的同學潘昭強。兩人同樣熱愛天文不在話下，但潘昭強從來不看科幻，並覺得它們都是些幼稚無聊的東西。我記得我們曾多次在「天文學家房」（Astronomers' Room）裡談論此事，而我指出無論是西方的「超人 Superman」、日本的「超人 Ultraman」（後來才有「鹹蛋超人」這個稱謂）以及香港的「衛斯理」，都只能算是「偽科幻」（pseudo-science fiction）而非真正的科幻。我更特意從公共圖書館借了一些克拉克的作品給他看。結果是，他不但改變了他的看法，而且更成為了一個畢生鍾愛科幻的「科幻迷」。

在那時，我當然已經知道「衛斯理」的作者名叫倪匡。在我眼中，他只是一個借「科幻」之名以吸引讀者的通俗作家吧了。

· 閱讀背後的驚訝發現

我已完全記不起我是怎樣知道的了，總之是唸大學期間吧，我無意中知道了一個驚人的事實 —— 原來「魏力」只是倪匡的另一個筆名！也就是說，我最鍾愛的「木蘭花」與最看不起的「衛斯理」的作者是同一個人！

這真是一個很大的諷刺。沒有辦法，我惟有硬著頭皮找來一些「衛斯理」的作品一看。很不幸，我所看的第一本《藍血人》令我十分失望。或者應該說，十分符合我的期望！我知我這樣說會得罪很多「衛斯理」迷，但中學時代已經看過克拉克的《童年的終結》(*Childhood's End*) 和《城市與星辰》(*The City and the Stars*)、阿西莫夫的「基地系列」(*Foundation Series*) 與「機械人系列」(*Robot Series*)、海萊因的《星河戰隊》(*Starship Troopers*) 和《異鄉異客》(*Stranger in a Strange Land*)，而且還在中學會考前看畢赫伯特（Frank Herbert）的《沙丘》(*Dune*) 的我，實在無法為《藍血人》打上一個「合格」的標籤。

· 賞讀衛斯理

接著下來的數十年，我斷斷續續的看了數十本衛斯理小說。可以這麼說，如果我放開懷抱不作比較的話，大部分的作品都能為我帶來很好的樂趣。誠然，其中確實有些是故弄玄虛、虎頭蛇尾、尾大不掉甚至草草收場，但也有一些是意念精彩、結構嚴謹、首尾呼應和寓意深刻的。

以科幻意念而言，較出色的是《頭髮》、《玩具》、《眼睛》。以處理手法的引人入勝而言，《老貓》、《透明光》、《轉世暗號》

都很是不錯。但如果撇開科幻這個包袱，我最喜愛的則是《木炭》這個故事，其中特別是環繞著炭窰所發生的駭人事情，以及太平天國那段藏寶、出賣、喪命和離魂的恐怖情景，都令人留下不可磨滅的深刻印象。

由於我未有看畢所有衛斯理的作品，以上的選擇未必很有代表性。從網上的資料得悉，不少讀者對《尋夢》和《回歸悲劇》都有不錯的評價，我遲些必定會找它們來一讀。

從我年少時斥衛斯理為「偽科幻」，到我現在也成為了半個衛斯理迷，其間頗大原因是隨著年事日長，我看事物時已沒有過往那麼偏激執著，相反變得愈來愈兼容並包所致。我如今在推廣科幻閱讀的講座中（透過大、中、小學、科學館、電台節目等），都會鼓勵人們閱讀衛斯理。我只是鄭重的指出：千萬不要以為衛斯理便代表了所有科幻小說。它只是一種特定類型的科幻創作（所有故事都以同一個主角為中心），而科幻創作實在是一個極其多姿多彩、無邊無際的廣闊天地。（指出這一點在三十年前確有其必要。但在荷里活科幻電影大行其道的今天，其必要性已是大減。）而喜愛科幻而未有讀過克拉克、阿西莫夫、海萊因等人的作品，則有如喜愛武俠小說而未讀過一本金庸小說、或喜愛偵探小說而未有讀過福爾摩斯一樣的說不通。（可惜的是，這一點三十多年來仍是沒有改變：說喜愛科幻而從未讀過上述大師作品的人仍是佔大多數。唉！）

▲ 「衛斯理」系列部分作品。

·推崇備至的木蘭花

說實話，直至今天為止，我仍然認為以小說論小說（更嚴格來說是以「小說系列」論「小說系列」），「木蘭花」的成就乃在「衛斯理」之上。以「特務—偵探—推理—歷奇—驚險」這一類型的小說而論，我認為「木蘭花」的水平甚至在伊安·法林明（Ian Flemming）的「占士邦」小說之上，而且差別是顯著的。

華語電影世界常常「鬧劇本荒」。多年來我都在想，木蘭花小說其實是電影感很強的作品。只要我們選角得宜並找到一個真正一流的導演，以現今的電影製作水平而言，我們不難將木蘭花拍攝成一個可以行銷全球的高水平、高賣座電影系列！

相比起來，個別作品除外，衛斯理小說的電影感一般不強，把它們搬上銀幕往往吃力不討好。然而，這個缺點正正也是衛斯理小說的優點所在。對，即使不以「科幻小說」稱之（倪匡本人從來便沒有聲稱他寫的是科幻小說），很多人都會把衛斯理看成為詭異怪誕的小說。但在這詭異怪誕的背後，卻往往包含著深刻的人生和宇宙哲理，其間對人性陰暗面的揭露和刻劃，更是針針見血、淋漓透徹，至令讀者時而毛骨悚然、時而掩卷歎息。

·有幸遇上倪匡先生

筆者十分有幸，自倪匡先生從美國回流香港後，曾多次有機會與他會晤與交談。為了香港電台的《科幻解碼》節目，我曾親到他府上拜會與採訪。而我亦曾與他一起對「全球華人科幻創作比賽——倪匡科幻獎」的最後入圍作品進行決審，並於事後邀得他光臨寒舍與「香港科幻會」的一眾會友共聚。

更為令我欣慰的一件事，是我女兒在我的引導底下，也成為了一個不折不扣的木蘭花迷，並於中學階段看畢系列的近六十本作品。而在一次活動之中，她亦得與她的偶像倪匡先生合照。事實上，我也曾推薦她閱讀衛斯理系列，但無獨有偶（還是遺傳基因的作用？一笑！），她看了數本之後，仍然覺得木蘭花才是她的「杯中茶」。

　　「衛斯理」大戰「木蘭花」誰勝誰負？正是各有千秋各有所好，又何須分出勝負呢？

2=8

中國科幻先驅
——《貓城記》

*遺憾的是，這本書雖然一早便譯成
英文，並在海外流傳，但在它出生地的
中國卻反而流傳不廣……*

「飛機是碎了。在飛機出險以前，我們確是已進了火星的氣
圈。那麼，我是已落在火星上了？假如真的是這樣，我的朋友的
靈魂可以自安了：第一個在火星上的中國人，死得值！」

上述是一本小說的開場白。各位可猜到這本小說是哪名作家
寫的嗎？——「我從來不看這些無聊的小說，又哪知是誰寫的！」
你可能會這樣回答。那麼在你知道答案時，準會嚇一大跳！

答案是——寫這本小說的，是二十世紀中國文壇巨擘老舍先
生。小說名叫《貓城記》，寫於接近一個世紀前的一九三二年。

· 曾被禁讀的中國科幻佳作

在中文科幻發展史上，《貓城記》一書具有無可比擬的重要地位。不錯，較這本書更早的民初甚至清末期間，中國已出現一些類似科幻形式的作品。但一來這些作品的數量甚少，二來執筆的都不是知名的作家，文學水平也不高，因此所起的影響甚為有限。相反，老舍先生是知名的作家，影響力當然不可同日而語。

遺憾的是，這本書雖然一早便譯成英文，並在海外流傳，但在它出生地的中國卻反而流傳不廣。究其原因，當然是因為國人對科幻不熟悉而接受程度偏低。但另外一個原因，是因為長久以來，無論是國民黨還是共產黨，都以政治理由對這本書大加打壓。事實上，在共產黨的統治下，這本書還是在上世紀八十年代之後，才得以解禁而重見天日呢！

那麼這本小說講的究竟是甚麼？從文首的「開場白」可知，以第一人稱的故事主人翁乘飛船到達火星，其後他發現了一個「貓城」。城內住的都是體形與人類相似，但樣貌則好像貓一般的「貓人」。故事的情節，主要便是主人翁在這個貓城的經歷。

· 科幻中的政治諷刺

讀者很快便會看出，這其實是一部社會和政治諷刺小說。作者的目的，是透過對貓城的種種描寫，揭露、諷刺和批判當時在中國出現的種種黑暗、腐敗、愚昧、落後、苟且和麻木不仁的現象。貓人曾經擁有光輝而悠久的歷史，但由於不思長進，如今已淪落至出賣家當甚至國家的寶物以維持優裕的生活。他們滿口仁義道德，理論多多，卻終日爾虞我詐、唯利是圖。

故事的主人翁最後目睹貓國在異族入侵之下滅亡。小說的結局是這樣寫的：

「我在火星上又住了半年，後來遇到法國的一隻探險的飛機，才能生還我的偉大的光明的自由的中國。」

▲ 貓城記

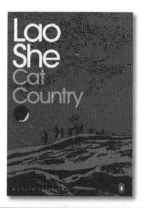

▲ 《貓城記》英文版 *Cat Country*。

筆者在求學時期閱讀這本小說，並立刻被它深深吸引。除了「賤賣國寶」之外，另一項使我印象深刻的描述，是貓人沉迷一種名叫「迷葉」的「國食」，並以此來提神。不用說大家也會聯想到曾經為害中國的鴉片，筆者當然也不例外。但身為科幻迷，我也聯想到《美麗新世界》(*Brave New World*) 中所描述的「索瑪」(Soma)，以及政府如何利用這種會上癮的東西來控制人民。〔類似的描寫當然是一種巧合，因為無獨有偶，赫胥黎 (Aldous Huxley) 的這本小說也是於一九三二年出版。〕

或者有人會說，那麼這只是一本政治寓言小說罷了，又怎算得上是科幻呢？這顯然是對科幻的缺乏理解。科幻中的政治諷刺有著悠久歷史，上述的《美麗新世界》和著名的《一九八四》(1984) 固然是最佳的例子，就是早前曾風靡全球的電影《阿凡達》(*Avatar*) 不也一樣嗎？

筆者近年最喜愛的一套政治諷刺科幻電影是《V 煞》(*V for Vendetta*)，大家也許還記得因「反高鐵」而包圍立法會的人當中，有人戴了一個淺色的面具嗎？這正是電影中男主角自始至終所帶的面具。這部電影我已看了多次。它的影碟在各影視店都可找得到，而且做特價才幾十元。你還在等甚麼？

【附記】

上文寫於二〇一〇年，但科技一日千里，今天的年輕人已不再看影碟，所以我的呼籲要改為：「大家若已加入付費的網絡影視平台如 Netflix 等，記得找來這部 *V for Vendetta* 一看啊！」

2-9

從科幻角度看《盛世》

> 絕大部分的文化人仍然以科幻小說
> 為「小道」，與嚴肅文學的「大器」沾
> 不上邊。這種偏見在華文世界中固然十
> 分嚴重，即使在西方亦仍未消失⋯⋯

陳冠中於二〇〇九年出版的政治小說《盛世》，是一部備受談論的作品。有趣的是，小說的副標題是「中國，二〇一三年」，故事的背景既設定於作者執筆時的未來，而故事所描述的世界亦非今天的模樣，卻鮮有人堂堂正正地把它當作一本科幻小說來評論。

就筆者看來，這是因為絕大部分的文化人仍然以科幻小說為「小道」，與嚴肅文學的「大器」沾不上邊。這種偏見在華文世界中固然十分嚴重，即使在西方亦仍未消失。例如著名女作家瑪嘉烈・艾活（Margaret Atwood）的一些作品明明屬於科幻，可是她卻極力否認她寫的是科幻小說。〔她的名著《侍女的故事》（The Handmaid's Tale）近年已被拍成電視連續劇，有興趣的朋友可以找來一看。〕

·科幻小說常被低估

回到《盛世》這本書之上。筆者第一本聯想到的作品,是王力雄在六四後化名「保密」所寫的奇書《黃禍》。這本書所講的,是六四事件後十多年間,中國所發生的驚心動魄的巨大變化(包括中央和地方政府之間的內戰與台海戰爭)。不用說,這本書的手稿只可於偷運出國後方能出版。

一九九一年,筆者有感而發,寫了一篇名為〈從銀河帝國到黃禍〉的文章。惟以香港當時的氣氛,根本無法找到地方出版。一九九二年,文章刊載於由張系國創辦的一本台灣科幻雜誌《幻象》之中。使我最為欣喜的是,台灣科幻作家葉言都先生在拙文之後附上一封「致李逆熵書」,文首即道:「**吾兄以阿西莫夫《銀河帝國三部曲》比對詮釋之,其認定《黃禍》屬科幻小說之意,不言可喻,亦為詮釋《黃禍》之新猷,實獲我心。**」

不用說,筆者亦認定《盛世》屬科幻小說。就主題而言,它更屬於具有悠久傳統的「反烏托邦」(Anti-Utopia, 往往又稱Dystopia)科幻小說。

·「反烏托邦」主題傳統悠久

若選「反烏托邦小說」的鼻祖,筆者首推於一八九五年出版、由威爾斯(H. G. Wells)所寫的《時間機器》(*The Time Machine*)。在馬克思主義的影響下,威氏在故事的一段主要情節中,把人類社會兩極化的趨勢推想至一個駭人的境地。可惜的是,大部分人都只是把這部作品歸類為「時間旅行科幻」,而未有對它的社會訊息給予充分的重視。

▲ 陳冠中於 2009 年出版的小說《盛世》（香港版）的封面，引有法國作家伏爾泰（Voltaire）的一句話：「在所有可能的世界中的最好的一個世界裡，一切都是最好的。」可見本書的意念，寓意深長。

▲ 陳冠中的《盛世》（台灣版本）。

被科幻界公認為「反烏托邦小說」代表作的，是一九二一年出版、扎米亞京（Yevgeny Zamyatin）的《我們》（*We*）、一九三一年出版、赫胥黎（Aldous Huxley）的《美麗新世界》（*Brave New World*），以及一九四九年出版、歐威爾（George Orwell）的《一九八四》（*1984*）。上述三部作品被稱為「二十世紀三大反烏托邦小說」。其實除此之外，二十世紀下半葉還出現了不少優秀的同類作品，它們包括於於一九五三年出版的、馮內果（Kurt Vonnegut）的《自奏的鋼琴》（*Player Piano*）及布萊伯雷（Ray Bradbury）的《華氏 451 度》（*Fahrenheit 451*）（曾被導演杜魯福拍成電影《烈火》）；一九六八年出版、布傑斯（Anthony Burgess）的《發條橙》（*Clockwork Orange*）（曾被導演寇比力克搬上銀幕）；以及方才提及的於一九八五年出版、瑪嘉烈‧艾活（Margaret Atwood）的《侍女的故事》等。

‧結局「解說」之敗筆

即使與上述的作品並列，《盛世》這本小說也絕不遜色 —— 如果書的結尾部分能夠改寫的話。相信讀過這本書的人都有同感，就是這一部分的「解說」實在太長。不是說它不精彩，但就是與一本應以情節為主的小說不相稱。

事有湊巧，筆者在閱讀《盛世》之前，剛好讀了馬丁‧賈克（Martin Jacques）所寫的暢銷書 *When China Rules the World*（《當中國統治世界》，內地和台灣皆有中譯本）。對照之下，《盛世》中的解說差不多是這本書的「濃縮版」！

不知作者陳冠中先生於下筆時是否已經看過此書？但無論如何，我對他的學養、才情，以及對家國的關懷皆十分敬佩。「解

說太長」只是個技術上的問題。我衷心希望作者能把小說改寫，令《盛世》成為一本更圓熟的精彩作品。

值得特別一提──能把解說巧妙地融入情節之中，正是科幻大師海萊因（Robert A. Heinlein）最為人稱頌的本領。任何有志於科幻創作的人，都必須一讀他的作品。

【2019 年附記】

上文撰寫時，陳冠中剛出版了同樣以中國為背景的小說《裸命》，接著則於二〇一五年出版了《建豐二年－新中國烏有史》，三本著作被人合稱《中國三部曲》。

讀畢三本作品，筆者認為以小說論小說，《裸命》的成就最高。但以科幻的角度看，第一和第三部各有精彩之處。筆者的推薦是：三本都不容錯過！

▲ 陳冠中於《盛世》之後推出的《裸命》及《建豐二年》被合稱為《中國三部曲》。

2-10

科幻盛宴

——我最喜愛的西方科幻小說

走筆至尾聲，筆者在此嘗試為讀者整理一份科幻閱讀心水書單（以筆者閱讀至二〇一〇年的作品為止），往後如有機會更新，也很希望能為大家加入新近讀過而又值得推介之科幻好讀，期待更多更好的作品在未來出現！

·50 部好讀推薦（附短評）

The Black Cloud
Fred Hoyle

由科學家執筆的災難式科幻小說，氣勢恢宏，意境深遠，更可窺探科學家在負起拯求世界的重任時的內心世界。

Childhood's End
Arthur C. Clarke

非一般的外星人科幻。第一部使我落淚的科幻小說。

The City and the Stars

Arthur C. Clarke

構思大膽、想像高超的「遙遠未來」(far future) 史詩式科幻,卻以少年科幻的手法寫來,讀來引人入勝,趣味盎然。

The Deep Range

Arthur C. Clarke

描述「不久將來」(near future) 的牧鯨事業的寫實式科幻,卻融入了佛家的眾生平等思想,把小說提升至一個嶄新的境界。

The Moon is a Harsh Mistress

Robert A. Heinlein

描述一部電腦逐步醒覺並知道自己存在的經典之作。

Stranger in a Strange Land

Robert A. Heinlein

一部借科幻以進行大膽的社會批判和政治諷刺的小說。

Starship Troopers
Robert A. Heinlein

戰爭科幻的經典之作。（電影版與之絕
不可相提並論。）

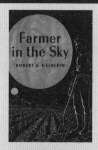

Farmer in the Sky
Robert A. Heinlein

少年科幻的經典之作。海氏獨有的寫實
主義手法將一個太空殖民的故事寫得異
常逼真而又娓娓動聽。

The Foundation Trilogy
Isaac Asimov

以銀河帝國的盛衰為經，並以基於「心
理史學」的鬥智——而非「星球大戰」式
的鬥力——為緯的不朽鉅著。

The Caves of Steel

Isaac Asimov

首度將偵探小說與科幻小說成功地結合
的傑出作品。

Dune

Frank Herbert

場景浩瀚、布局龐大、情節複雜的星際
爭霸史詩式科幻鉅著。（電影版與之難
以相提並論。）

The Stars My Destination

Alfred Bester

如果人可以透過念力越空轉移，世界會
變成怎麼樣？但這只是故事的大前提，
故事主人翁高度傳奇性的經歷才是最吸
引人的地方。

More Than Human

Theodore Sturgeon

非一般的超人科幻。一個患有自閉症的
小女孩與一群被人遺棄的畸異人物加起
來竟是……？一本頗為靜態的小說。

Timescape
Gregory Benford

以穿越時間的通訊為主題的科幻,卻以十分逼真的寫實手法呈現,並生動地描繪了科學界爭名奪利的現象。

Solaris
Stanislaw Lem

人類有可能跟與我們迥然不同的外星智慧溝通嗎?這本充滿哲理性的小說令我們對這個問題重新作出思考。

Fiasco
Stanislaw Lem

可說是 *Solaris* 的姊妹篇,結局發人深思。

Cat's Cradle
Kurt Vonnegut

充滿黑色幽默的荒誕科幻,對科學與宗教同樣作出了辛辣的諷刺。

The Sirens of Titan
Kurt Vonnegut

對人類引以自豪的歷史開了一個最大的玩笑。

Player Piano
Kurt Vonnegut

一部別具特色而且峰迴路轉的「反烏托邦」小說。

The Dorsai Trilogy
Gordon Dickson

以僱傭兵為題材，卻具有很強思想性的「星戰式」科幻。中間的一集尤其精彩。

Behold the Man
Michael Moorecock

一個透過時間旅行回到過去尋找耶穌的故事，結局出人意表，卻又在情理之中。

The Canticles of Leibowitz
Walter Miller

核子大戰後人類的文明倒退回歐洲的中古時代。一個人類如何重拾文明的動人故事。

Valis
Philip K. Dick

以小說形式探討宗教本質與神秘體驗的一部奇書。

Eye in the Sky
Philip K. Dick

把哲學中的「唯我論」推到其極致境地的精彩作品。

Out of the Silent Planet

C.S. Lewis

充滿哲理與反思的浪漫太空宗教小說。
讀來有提醐灌頂與滌蕩心靈的妙效。

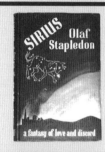

Sirius

Olaf Stapledon

一隻因科學改造而具有超級智能的犬
隻，透過第一身描述自己的成長和心路
歷程的感人記事。

The Last and First Men

Olaf Stapledon

科幻史上最具野心的鉅著。主題是人類
的進化，故事跨越未來數十億年，其間
記載了二十一族不同人類後代的盛與
衰。

Hothouse

Brian Aldiss

遙遠未來的地球，一個變得面目全非的
世界：酷熱、原始、怪誕，文明不再的
人類將有怎樣的經歷？

White Mars

Brian Aldiss

地球文明崩潰令火星上的殖民地要自力更生，一個六千多人的社群會如何共處呢？

Kinsman

Ben Bova

太空中的第一樁謀殺案是怎樣發生的？一部令人印象難忘的寫實式科幻小說。

Gateway

Frederik Pohl

尋寶、歷險、愛情、友誼、忠誠、背叛……，構成了一部刻劃人性至深的精彩作品。

Man Plus

Frederik Pohl

記載了「人機結合」的過程中，主人翁曲折的心路歷程的經典之作。

Cities in Flight series

James Blish

有關漂流於宇宙間的「飛行城市」的史詩式記事。

A Case of Conscience

James Blish

對基督教中的「原罪」觀念大膽挑戰的經典作品。

Dragon's Egg

Robert L. Forward

中子星上竟然可以發展出高等文明？「硬科幻」的代表作。

The Player of Games
Iain Banks

文字閑熟、手法高超的精緻「太空閣幕劇」。

Hyperion
Dan Simmons

想像豐富高超、情節曲折詭異的一系列相互貫串的星際傳奇故事。

The Mars Trilogy
Kim Stanley Robinson

人類移民火星的一部人物眾多、歷時久遠、波瀾壯闊的絢麗畫卷。

The Enders Trilogy

Orson Scott Card

一個集「宇宙屠夫」與「人類英雄」於一身的軍事天才的一生。

The Uplift Trilogy

David Brin

銀河系內的所有智慧族類都經由別的族類「提拔」，只有人類例外？

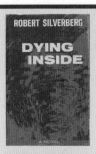

Dying Inside
Robert Silverberg

可以直接窺閱別人的思想是一項恩賜還是詛咒？這種能力逐漸消失時怎麼辦？

Nightwings
Robert Silverberg

一個充滿著美麗神話意象的遙遠未來故事。

Nova
Samuel R. Delany

另一個充滿著神話意味的星際追尋和發現的故事。

A Fire Upon the Deep
Vernor Vinge

布局龐大、氣魄恢宏的「太空闊幕劇」。

Bill, the Galactic Hero
Harry Harrison

少有令人捧腹大笑的黑色幽默和諷刺星際科幻劇。

West of Eden
Harry Harrison

如果恐龍沒有滅絕並與人類共同進化，兩個智慧族類能夠和諧共處嗎？

Fahrenheit 451
Ray Bradbury

未來世界消防員的主要職責是放火而不是救火？一部帶有詩意與哀愁的「反烏托邦」小說。（電影版《烈火》也屬必看之作。）

Roadside Picnic
the Stratgasky brothers

外星人短暫降落地球後的遺址，成為了尋寶樂園也成為死亡陷阱。一部「卡夫卡式」的寓言小說。（電影版 Stalker 也屬必看之作。）

2-10
科幻盛宴——我喜愛的西方科幻小說

The Forever War
Joe Haldeman

貫串著一段刻骨銘心的愛情的戰爭科幻傑作。

Flowers for Algernon
Daniel Keynes

一個智力遲頓的人如何由黑暗走向光明，再由光明走向黑暗的感人故事。只有鐵石心腸的人才可以不落淚。（電影版《畸人查理》與之不可相提並論。）

· 9 部必讀經典科幻

- *Frankenstein*, Mary Shelley
- *Dr. Jekyll and Mr. Hyde*, Robert Louis Stevenson
- *Twenty Thousand Leagues Under the Sea*, Jules Verne
- *The Mysterious Island*, Jules Verne
- *The Lost World*, Arthur Conan Doyle
- *The Time Machine*, H.G. Wells
- *The Island of Dr. Moreau*, H.G. Wells
- *Brave New World*, Aldous Huxley
- *1984*, George Orwell

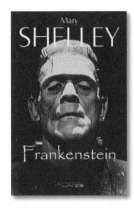

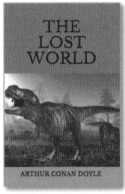

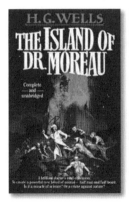

2-10
科幻盛宴——
我喜愛的西方科幻小說

・5 大特別嘉獎推薦

- 兒童科幻特別大獎：*Dolphin Island*, Arthur C. Clarke
- 科幻喜劇特別大獎：*Space Family Stone*, Robert A. Heinlein
- 靜態科幻特別大獎：*Report On Probability A*, Brian Aldiss
- 動態（占士邦式）科幻特別大獎：*Deathworld*, Harry Harrison
- 數學科幻特別大獎：*Flatland*, Edwin A. Abbott

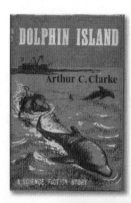
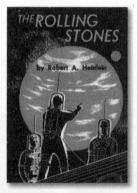

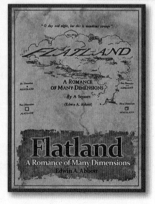

·我最喜愛的 50 個短篇科幻小說

　　以下是筆者直至二〇〇〇年的閱讀生涯中，最喜愛的五十個英文科幻短篇、中篇科幻故事。其中不少的文本（多為 pdf 版本）已經沒有版權而可以在網上找到。今天便定下目標吧 —— 在一個月內，挑選其中五至十個故事閱讀，是你進入迷人科幻世界的最佳捷徑！

- *The New Accelerator*, H. G. Wells
- *The Man Who Could Work Miracles*, H. G. Wells
- *The Year of the Jackpot*, Robert A. Heinlein
- *They*, Robert A. Heinlein
- *All You Zombies*, Robert A. Heinlein
- *By His Bootstraps*, Robert A. Heinlein
- *And He Built a Crooked House*, Robert A. Heinlein
- *Nightfall*, Isaac Asimov
- *The Last Question*, Isaac Asimov
- *Not Final*, Isaac Asimov
- *Jokester*, Isaac Asimov
- *Reason*, Isaac Asimov
- *The Secret Sense*, Isaac Asimov
- *The Nine Billion Names of God*, Arthur C. Clarke
- *The Star*, Arthur C. Clarke
- *The Wall of Darkness*, Arthur C. Clarke
- *The Road to the Sea*, Arthur C. Clarke
- *All the Time in the World*, Arthur C. Clarke
- *Cosmic Casanova*, Arthur C. Clarke
- *The Ultimate Melody*, Arthur C. Clarke
- *Silence Please*, Arthur C. Clarke

- *Surface Tension*, James Blish
- *A Case of Conscience*, James Blish
- *And the Moon be Still as Bright*, Ray Bradbury
- *A Sound of Thunder*, Ray Bradbury
- *The Garden of Time*, J.G. Ballard
- *Chronopolis,* J.G. Ballard
- *Who Can Replace A Man?*, Brian Aldiss
- *Visiting Amoeba*, Brian Aldiss
- *Monkey Wrench*, Gordon Dickson
- *Computers Don't Argue*, Gordon Dickson
- *The Liberation of Earth*, William Tenn
- *Grandpa*, James H. Schmitz
- *Brightside Crossing*, Alan E. Nourse
- *Flowers for Algernon*, Daniel Keyes
- *For I Am A Jealous People*, Lester Del Rey
- *To Avenge Man*, Lester Del Rey
- *Twilight*, John W. Campbell
- *The Streets of Ashkelon*, Harry Harrison
- *The Imposter*, Philip K. Dick
- *Noise Level*, Raymond F. Jones
- *The Big Bounce*, Walter S. Tevis
- *Microcosmic God*, Theodore Sturgeon
- *The Cold Equations*, Tom Godwin
- *How the World was Saved*, Stanislaw Lem
- *Mimsy Were the Borogroves*, Lewis Padgett
- *Pictures Don't Lie*, Katherine MacLean
- *Answer*, Federick Brown
- *Day Million*, Fred Pohl
- *The Game of Rat and Dragon*, Cordwainer Smith

後記

　　本書收錄的文章前後跨越廿多年。以下是有關它們的一點歷史。

　　成文最早的是〈發揚科幻的批判精神〉。這是為了一九九七年的「北京國際科幻會議」而寫的。當年的整個七月份筆者都在北京，為的是替我的博士學術研究（題目是「互聯網的興起對中國公民社會的形成和演化的影響」）進行實地考察調查。適逢四川《科幻世界》出版社在七月底舉辦上述的盛事，我當然不會錯過這個黃金機會。記得我於七月二十八日的會議第一天，在北京科技會堂向著來自全國及世界各地（英、美、俄）的代表發表這篇文章。由於我不滿意大會安排的翻譯員的水平，最後主動要求由我自己進行「雙語」發表（先以普通話唸一段，然後再以英語作撮要，如此類推）。由於我事先根本不知道要即席發表（文章我是一早寄了給大會），對於我能於急就章的情況下完成這項任務（台下的熱烈掌聲應是任務完成得不錯的見證），老實說是頗感自豪呢！

　　〈科幻中的科學〉的緣起則來自台灣。我從北京回到當時在澳洲悉尼的家不久，即收到台灣《科學月刊》的張之傑先生的約稿。原來他們計劃在雜誌的新一期舉辦一個名叫「科學與科幻」的專輯，所以希望我能為此寫點東西。文章後來於一九九八年二月號的《科學月刊》刊出。（這其實不是我第一次寫這個題目。

第一次是一九七五年大學二年班以英文撰寫，並發表於香港大學理學院學生會的會報《理聲》之中。）

但這並非事情的終結。原來張之傑兄在未有通知我的情況下，即把這篇文章拿去參加台灣一年一度的「李國鼎通俗科學獎」比賽，並且獲得了首獎！就是這樣，剛剛從澳洲回流香港的我和太太，於一九九九年九月前赴台北領獎（機票和住宿都由主辦當局提供）。

二○○○年，台灣的好友葉李華代《誠品好讀》雜誌約稿，我於是寫了〈勇闖科幻的高峰〉一文。文章後來在雜誌的十月號刊出。

轉眼到了二○○八年初，科幻大師克拉克以九十高齡逝世。被譽為「二十世紀科幻三巨頭」（其餘兩人是阿西莫夫與海萊因）終於全部離世，在科幻界來說可謂一個偉大時代的終結。不久，我收到台灣網站《放映週報》的約稿，結果便寫了〈經典作品《2001 太空漫遊》賞析〉一文。

差不多在同一時間，我亦收到《科學月刊》的邀稿。原來他們正在籌辦一個名叫「二十世紀最終科幻巨擘——亞瑟‧克拉克紀念專文」的特輯。為此我寫了〈高超的想像，深遠的意境——克拉克的科幻世界〉，文章在○八年六月號的特輯中刊出，也就是如今收錄在本書的〈多謝您，克拉克！〉。

二○○九年，我應《明報》的邀請，為一個由多人輪流執筆的專欄「名家名著」供稿。本書中的〈科幻是文學嗎？〉、〈讀科幻掉淚〉、〈科學怪人的奇情與啟示〉、〈中國科幻先驅——《貓城記》〉、〈從科幻角度看《盛世》〉等多篇短文，都是在這個專欄從○九年末至一○年初左右發表的。

至於〈科幻拾題〉及〈科幻盛宴——我喜愛的西方科幻小說〉都是二〇〇八至一〇年間,為香港科幻會網站所寫的。

相隔十五年寫成的〈發揚科幻的批判精神〉和〈科幻創作中的超然視角與人文精神〉(即本書的〈科幻之沉思——「超然視角」與「人文關懷」之間的張力〉),都是因為參與國內的科幻會議而成文的。前者是「北京國際科幻大會」,後者則是於二〇一〇年十一月中旬在成都舉行的「世界華人科幻大會」。在這十五年間,中國先後出了王晉康和劉慈欣兩位大師級作家。劉慈欣的《三體》三部曲更掀起了全國的科幻熱潮,實在令人欣喜。

最後,本書的前言〈科幻小說 — 探索未來的跳板〉乃是應香港貿易發展局之邀,為二〇一九年以「科幻 + 推理」為主題的「香港書展」所寫的。「科幻」終於能夠成為書展的一個主題,當然令筆者這個「科幻高燒友」大感快慰。

這個成果不用說來得不易,無論是作為讀者還是作者,大家都要繼續努力啊!

李逆熵

【附記】

本書所收錄之文章,曾分別刊於《星戰迷宮》(1989)、《挑戰時空》(1996)及《科幻迷情》(2012),因這幾本著作均已告絕版,作者遂從中篩選文章、修訂內容,經重新編輯整理後,《論盡科幻》得以全新面貌推出,望可給科幻寫作者及閱讀者一點思考、啟發及實用的建議。

論盡科幻

突 破 導 寫 與 導 讀 的 時 空 奇 點

SCIENCE FICTION GALORE

Reading & Writing Guide

作者／李逆熵

編輯／阿丁、米羔

設計／MariMariChiu

協力／許菲

出版／格子盒作室 gezi workstation
　　　郵寄地址：香港中環皇后大道中 70 號卡佛大廈 1104 室
　　　臉書：www.facebook.com/gezibooks
　　　電郵：gezi.workstation@gmail.com

發行／一代匯集
　　　聯絡地址：九龍旺角塘尾道 64 號龍駒企業大廈 10B&D 室
　　　電話：2783-8102
　　　傳真：2396-0050

承印／美雅印刷製本有限公司

出版日期／二〇一九年七月（初版）
ISBN ／ 978-988-78040-7-9
定價／ $108